Stefan Frädrich

Günter,
der innere Schweinehund,
hat Erfolg

Ein tierisches Coachingbuch
Illustriert von Timo Wuerz

Bibliografische Information der Deutschen Nationalbibliothek

Die Deutsche Nationalbibliothek verzeichnet diese Publikation in der Deutschen Nationalbibliografie; detaillierte bibliografische Daten sind im Internet über http://dnb.d-nb.de abrufbar.

ISBN: 978-3-89749-731-3

Lektorat: Christiane Martin, Köln
Umschlaggestaltung: +malsy Kommunikation und Gestaltung, Willich
Illustrationen: Timo Wuerz, Hamburg
Satz und Layout: Das Herstellungsbüro, Hamburg,
   www.buch-herstellungsbuero.de
Druck und Bindung: Salzland Druck, Staßfurt

2. Auflage 2008

© 2007 GABAL Verlag GmbH, Offenbach
Alle Rechte vorbehalten. Vervielfältigung, auch auszugsweise, nur mit schriftlicher Genehmigung des Verlages.

Abonnieren Sie unseren Newsletter unter:
www.gabal-verlag.de

Der schlaue Spruch, bevor es losgeht:

»Tu erst das Notwendige,
dann das Mögliche,
und plötzlich schaffst du das Unmögliche.«

Franz von Assisi

Ein besonders dickes Dankeschön möchte ich Thilo Baum, Ingo Buckert, Norbert Diedrich, Isabell Drescher, Ute Flockenhaus, Christina Frädrich, Rita Frädrich, Babette Halbe, Norma Jackson, Ursula Rosengart, Wibke Regenberg, Markus Schäffler, Henriette Schäffner und Timo Wuerz sagen! Ohne eure Hilfe wäre so mancher Erfolg nicht möglich geworden.

Günter will dein Freund und Helfer sein – und gibt dir leider oft falsche Tipps.

1. Günter, der innere Schweinehund

Das ist Günter. Günter ist dein innerer Schweinehund. Er lebt in deinem Kopf und bewahrt dich vor allem Übel dieser Welt. Immer, wenn du etwas Neues lernen willst oder dich mal anstrengen musst, ist Günter zur Stelle: »Lass das sein!«, sagt er dann. »Mach das doch später!«, rät er dir. Und wenn du mal vor einer spannenden Herausforderung stehst, erklärt dir Günter gerne: »Das schaffst du sowieso nicht!« Günter ist nämlich furchtbar faul. Und weil er denkt, dass du genauso schweinehundefaul bist wie er, will dich Günter vor unnützer Mühe beschützen. Ist das nicht nett von ihm?

Leider nur sind Günters Ratschläge nicht immer hilfreich. Zum Beispiel dann, wenn dich seine Tipps vom Handeln abhalten oder in die falsche Richtung weisen. Ein dringender Termin? »Nur keinen Stress, sonst kriegst du ein Burn-out-Syndrom!«, bremst dich Günter womöglich – bis der Termin versäumt ist. Nachdenken, bevor du handelst? »Zerbrich dir nicht unnötig den Kopf!«, beschwichtigt dich Günter – und schon wieder tust du das Falsche, obwohl du es eigentlich besser wissen könntest. Schade: Du hörst auf deine innere Stimme und trittst trotzdem auf der Stelle …

Lust-Schmerz-Prinzip =
Lust gewinnen + Schmerz vermeiden

2. Das Lust-Schmerz-Prinzip

Warum gibt dir Günter nur so oft die falschen Tipps? Weil er das Lust-Schmerz-Prinzip falsch anwendet! Denn: Alles, was Menschen und Schweinehunde tun, tun sie entweder, um Schmerz zu vermeiden, oder um sich gut zu fühlen. Warum widersprichst du dem Chef nicht, selbst wenn er mal Blödsinn redet? »Weil es dann Ärger gibt!«, begründet Günter. Und warum isst du gerne Eis? »Weil es gut schmeckt!«, weiß Günter. Siehst du, genau das ist das Lust-Schmerz-Prinzip: Einerseits versuchst du, so gut wie möglich Probleme, also Schmerz, zu vermeiden, und andererseits, es dir gut gehen zu lassen, also einen Lustgewinn zu haben! Günter betrachtet alle möglichen Handlungen durch diese zwei Brillen: 1. Könnte es weh tun? 2. Könnte es Spaß machen?

Was ist besser: eine Aufgabe schnell zu erledigen oder sie hinauszuzögern? »Hinauszögern!«, ruft Günter. Klar, denn so will dein Schweinehund Anstrengung, also Schmerz, eine Weile verhindern und dabei möglichst lange das Glück des Faulenzens, also Lust, erleben. Aber man kann es auch andersherum betrachten! Ist es nicht unangenehmer, eine lästige Pflicht vor sich zu haben, als hinter sich? Sind nicht die meisten Aufgaben weit weniger anstrengend als gedacht, wenn man sie mal angefangen hat? Ist es nicht ein herrliches Gefühl, am Ziel zu sein? »Sicher …«, grunzt Günter kleinlaut. Die spannende Frage ist also: Was bewertet Günter als Lust, was als Schmerz? Und: Warum eigentlich?

Mit guten
Argumenten
wird jede
Sichtweise richtig.

3. Eine Frage der Bewertung

Anscheinend kann man alles Mögliche für richtig halten – vorausgesetzt, Günter findet dafür plausible Gründe: Porsche fahren? »Super Design! Geiles Fahrgefühl!« Porsche boykottieren? »Klimakiller-Abgaswerte! Und viel zu teuer!« Den Traumpartner ansprechen? »Wer, wenn nicht du? Jetzt oder nie!« Oder doch lieber stumm bleiben? »Den kriegst du nie! Und jetzt erst recht nicht!« Also: Je nachdem, auf welche Gründe sich Günter konzentriert, tut man schließlich das eine oder das andere: Porsche lieben oder nicht, flirten oder schmachten, Aufgaben hinauszögern oder erledigen. Und man hat dafür lauter »gute Gründe«.

Deshalb: Was ist Lust wirklich? Und was Schmerz? Günters Bewertungen scheinen ja manchmal Probleme zu machen: etwa, wenn du »unangenehme« Pflichten aufschiebst, das Falsche tust oder dir selbst den Mut nimmst. Dabei will dir Günter mit seinen Ratschlägen nur helfen! Was für ein netter Schweinehund … Doch: Woher will Günter eigentlich wissen, was gut für dich ist? Wo hat dein innerer Schweinehund seine Sichtweisen und »guten Gründe« nur her? Nun: Die meisten seiner Tipps hat er irgendwann mal aufgeschnappt. Zunächst ganz früher, in deiner Kindheit und Jugend.

Als Ferkelwelpe war Günter
besonders aufmerksam.
Er hat alles nachgeplappert,
was er aufgeschnappt hat.

4. Ein aufmerksamer Ferkelwelpe

Vor langer, langer Zeit, als du noch klein warst, war Günter noch ein neugieriger Ferkelwelpe. Damals hat er immer aufmerksam zugehört, wenn dir deine Eltern und Großeltern, Tanten und Onkels, älteren Geschwister und Freunde ihre Ansichten erklärt haben: »Dafür bist du noch zu klein!«, »Wenn du brav bist, kriegst du ein Eis!«, »Sei nicht so vorlaut!« oder »Georg und Anna sind doof!«. Und weil Günter so aufmerksam war, hat er dich bald immer brav gewarnt, wenn du etwas tun wolltest, was den aufgeschnappten Ansichten widersprach: Mit den großen Kindern toben? »Für die bist du noch zu klein!« Den Erwachsenen widersprechen? »Sei lieber still, sonst kriegst du kein Eis!« Mit Anna und Georg spielen? »Aber nein, die sind doch doof!«

Je älter du wurdest, desto bunter wurde deine Welt: Schule, Freunde, Freizeit, Fernsehen, Kino, Internet – und die leckeren Jungschweinehunde aus der Parallelklasse … Neugierig wollte Günter alles kennenlernen. Dabei bekam er wieder jede Menge Infos: »Freunden widerspricht man nicht!«, »Für Mathe bist du zu dumm!«, »Entspannung muss sein!«, »Schokolade macht glücklich!« und »Schönheiten sind blond!«. Wieder hat sich Günter alles brav gemerkt, um dir beizeiten die richtigen Hinweise ins Ohr zu flüstern.

Günter lernt Regeln. Je länger er eine Regel befolgt, desto fester wird sie.

5. Günter lernt Regeln

Unterm Strich hat Günter also lauter praktische Regeln gelernt: Fußgängerampel rot? »Stehen bleiben!« Ampel grün? »Gehen!« Doch weil das Leben komplex ist, musste er die Regeln oft weiterentwickeln: Rot mitten auf der Straße? »Trotzdem gehen – und zwar schnell!« Einem süßen Jungschweinehund imponieren? »Lieber cool sein, statt brav!« In jungen Jahren ist man schließlich noch flexibel ... Mit der Zeit allerdings haben sich Günters Regeln verfestigt: Essen bei Tisch? »Mit Messer und Gabel!« Autofahren? »Rechte Straßenseite!« Sprache? »Deutsch!« Warum? Weil Günter es früher mal so gelernt und jahrelang nicht verändert hat.

»Früher, früher ...«, motzt Günter. »Heute weiß ich selbst Bescheid!« Sicher? Dann pass mal auf: Angenommen, der kleine Hans-Jörg wächst in einem Umfeld heran, in dem alle Sport hassen. Immer wieder hört er: »Sport ist Mord!« Was hält sein innerer Schweinehund dann wohl vom Schulsport? »Gar nichts!« Und mit wem versteht sich Hans-Jörg in der Klasse gut? »Mit anderen Nicht-Sportlern!« Und was erzählen sich seine Freunde gegenseitig? »Sportler müssen bescheuert sein!« Klar: So bestätigen sich alle in ihren Regeln, und Hans-Jörg vermeidet Sport fast immer. Sobald er sich doch mal bewegen muss, denkt er: »Sport ist Mord!« Und kämpft gegen seinen inneren Schweinehund an. Der weiß schließlich Bescheid.

Günter glaubt, handelt, lernt, wiederholt, mag und verteidigt – was er mal aufgeschnappt hat.

6. Wissen ist Wiederholung

Nun mal angenommen, Hans-Jörg wächst in einem Umfeld auf, in dem alle gerne Sport machen. Immer wieder hört er: »Sport macht Spaß!« Was wird ihm sein innerer Schweinehund dann wohl beim Schulsport erzählen? »Endlich Sport!« Und mit wem versteht sich Hans-Jörg besonders gut? »Mit anderen Sportlern!« Wieder bestätigen sich alle gegenseitig, aber nun schnürt Hans-Jörg gerne und regelmäßig die Turnschuhe. Und wenn er mal zu lange faul herumhängt, fühlt er sich schlecht. Sein innerer Schweinehund rät ihm nämlich: »Beweg dich!« Schließlich wissen Schweinehunde Bescheid!

Egal also, ob man sich Sport angewöhnt oder Nicht-Sport – immer glaubt der innere Schweinehund, er sei im Recht. Günter hat begriffen, bravo! Dabei entstehen seine Ansichten im Wesentlichen durch Wiederholungen: Was man Günter erklärt, das glaubt er. Woran er glaubt, das tut er. Was er tut, lernt er kennen. Was Günter kennt, fällt ihm leicht. Was ihm leichtfällt, wiederholt er. Was er wiederholt, kann er bald sehr gut. Was er kann, mag er. Und was er mag, verteidigt Günter – als seine eigene Meinung! Dabei hat er nur mal etwas aufgeschnappt, es erfolgreich ausprobiert und dann immer wieder getan. Er hat wiederholt und wiederholt. Und dabei gelernt, wie es geht.

Aufgeschnappte Meinungen
können zu »eigenen«
Automatismen werden.

7. Aufgeschnappte Automatismen

»Eigene« Überzeugungen entstehen also fast so, als hätten wir eine Kamera im Kopf: Das, was wir damit filmen, nehmen wir wahr. Das, was wir nicht filmen, verschwindet aus unserem Bewusstsein. Und das, was wir eine Weile gefilmt haben, bewertet Günter schließlich als richtig. Am Ende tun wir, woran wir »glauben«, und begründen es mit genau den Argumenten, die wir im Sucher hatten. Obwohl die Richtung der »eigenen« Kamera ursprünglich von anderen bestimmt wurde … Und irgendwann schnappen wir dann nur noch die Argumente auf, die uns in den Kram passen: »Das Leben ist hart!«, »Da kann man sowieso nichts machen!«, »Erfolg ist Glückssache!« und »Fürs Denken ist der Chef zuständig!«. Da werden die anderen Schweinehunde schon Recht haben … Doch wie sollten Günters ursprüngliche Ratgeber damals wissen können, was heute gut für dich ist?

Aus Gedanken werden also Überzeugungen, Handlungen und Gewohnheiten, die bald automatisch ablaufen – ohne, dass du darüber nachdenken müsstest: lesen, schreiben, Fahrrad fahren, Vorlieben und Abneigungen. Klappt alles wie von selbst! Du musst dir nicht unnötig den Kopf zerbrechen. Günter sei Dank!

Automatismen vereinfachen dein
Leben – bis sie nicht mehr passen.

8. Günters kleine Welt

»Super!«, freut sich Günter. »Was man einmal gelernt hat, fällt einem leicht.« Ja, prima. Was aber, wenn die Programme nicht mehr passen? Was, wenn du dein Verhalten mal verändern musst? Was, wenn du etwas tun sollst, was deinen Gewohnheiten widerspricht? Zum Beispiel mit Stäbchen essen, im englischen Linksverkehr fahren oder Türkisch lernen? »Viel zu schwierig, lass es sein!«, rät Günter dann. Obwohl chinesische, englische und türkische Schweinehunde damit keine Probleme haben. Na, fällt dir was auf? Auch Stäbchen, Linksverkehr und Türkisch sind woanders normal – auch aus Gewohnheit! Sobald Günter aber einmal weiß, wie etwas für ihn »richtig« geht, will er es immer auf die gleiche Weise wiederholen und nicht mehr neu lernen – nicht einmal in China, England oder der Türkei! Sich hinterfragen? Ach was!

Günters Einstellungen verfestigen sich also recht schnell – egal, ob sie passen oder nicht. Und bald schon lebst du in deiner eigenen kleinen Welt: Du nimmst immer den gleichen Weg zur Arbeit, kaufst ständig im selben Supermarkt ein, gewöhnst dich an das Bier beim Fernsehen und hältst deinen Chef für einen anstrengenden Idioten. Aber ist die Abkürzung nicht praktischer und der neue Supermarkt günstiger? Macht Bier beim Fernsehen nicht fett? Und wolltest du dich nicht längst nach einem neuen Job umsehen? »Stimmt«, meint der innere Schweinehund kleinlaut. »Aber hier kenne ich mich wenigstens aus ...«

Je länger du das Gleiche tust,
desto schwerer fällt dir der
Blick über den Tellerrand.

9. Neues? Nein, danke!

Wenn Günter immer das Gleiche tut, wird er bald dick und fett und faul und träge. »Neues lernen? Nein, danke!«, sagt er dann. Seine Gewohnheiten verstärken sich selbst, und die Mauern um deine kleine Welt werden immer höher. Der Blick über den Tellerrand macht Günter nämlich Angst. Unbekanntes mag er nicht mehr: Viel zu riskant! Also warnt er dich mit Sorgen: »Was, wenn das Neue schiefgeht? Was, wenn es anstrengend wird? Was, wenn du nicht mehr zurück kannst?« Vor deinem geistigen Auge passieren lauter Katastrophen, und du bleibst bei dem, was du hast. Doch leider erfährst du so nicht, was du darüber hinaus noch haben könntest! Was, wenn vieles besser ginge? Was, wenn Neues Spaß machte? Und was, wenn du dann gar nicht mehr zurück wolltest? Also: Was, wenn Günters Lust-Schmerz-Prinzip jahrelang mit den falschen Argumenten gefüttert worden wäre?

»Woran merken innere Schweinehunde denn, ob sie Recht haben oder nicht?«, will Günter nun wissen. Ganz einfach: an den Folgen ihrer Ratschläge! Denn wenn Schweinehunde-Tipps richtig sind, folgt Erfolg – und wenn nicht, folgt Misserfolg. Wenn du aber automatisch das weitermachst, was du immer schon tust, wird Erfolg zur Glückssache – und Günter kann sich sämtliche Tipps sparen.

Misserfolge
kommen oft durch
Vermeidungsverhalten –
Erfolge von der
richtigen Günter-
Dressur.

10. Erfolg oder Misserfolg?

»Erfolg, Erfolg!«, mosert Günter. »Und woran erkennst du Erfolg?« Fragen wir erst andersherum: Woran erkennst du Misserfolg? Klar: An all den Fallen, in die dich dein innerer Schweinehund immer wieder schickt! Du bist seit Ewigkeiten mit deinem Job unzufrieden? Dann beschwichtigt dich Günter mit Sprüchen wie »Lass deine Kollegen nicht im Stich!« oder »Besser den Job behalten – der ist wenigstens sicher!«. Dabei spürst du genau, dass du etwas Besseres verdient hast. Oder du schiebst ein größeres Projekt ständig vor dir her? »Morgen ist auch noch ein Tag!«, rät dir Günter dann womöglich. Oder: »Warte lieber ab, bis du noch mehr Infos hast!« Und die Infos stapeln sich, während weiterhin Zeit vergeht … Innerlich bist du unzufrieden, doch Günter vertröstet dich: »Es ist, wie es ist!«, »Da kann man nichts machen!« und »Es ist schon immer so gewesen!«.

Bei Erfolg aber läuft es anders: Da tust du einfach das Richtige – unabhängig von Günters Vermeidungsprogrammen. Du steuerst dein Leben selbst und erlebst oft das, was du erleben willst – obwohl du dich dafür manchmal anstrengen oder mutig sein musst. Dennoch bist du innerlich zufrieden. Kein Wunder: Du machst, was zu tun ist, und kommst da an, wo du hin willst! Von außen betrachtet, erscheint dein Erfolg mühelos und zufällig. Innen jedoch steckt dahinter viel Günter-Dressur …

Zufrieden
mit der Familie?
Mit dem sozialen Umfeld?
Job? Geld? Gesundheit?
Und persönlichen Werten?

11. Sechs wichtige Lebensbereiche

Noch klarer wird es, wenn du systematisch deine sechs wichtigen Lebensbereiche betrachtest: Familie, soziales Umfeld, Job, Geld, Gesundheit und persönliche Werte. Wie sieht es da aus mit dem Erfolg?

Liebst du deine Familie? Liebt deine Familie dich? Oder hängt bei euch öfter der Haussegen schief? Warum? Lebst du gerne, wo du lebst und wie du lebst? Hast du gute Freunde? Oder willst du viel lieber woanders sein? Unter anderen Menschen? Macht dir deine Arbeit Spaß? Erfüllt, inspiriert und motiviert sie dich noch? Oder schlägst du mühsam die Stunden tot und fängst erst nach Feierabend an zu leben? Hast du genügend Geld? Kannst du damit so leben, wie du willst? Oder musst du auf jeden Cent achten? Oder Schulden abbezahlen? Bist du gesund? Fühlst du dich meist fit, stark, ausgeglichen und wach? Oder fühlst du dich oft krank, schwach, nervös und müde? Und hast du das Gefühl, im Leben auf dem richtigen Weg zu sein? Macht dir dein Leben Spaß? Tust du meist das, was du für richtig hältst? Oder musst du dich ständig verbiegen? Und schmerzhafte Kompromisse eingehen? Fragen über Fragen!

Übrigens: In jedem einzelnen Bereich gibt es natürlich wieder wichtige Teilbereiche. Beispiel Business: Geschäftsführung, Forschung, Entwicklung, Einkauf, Produktion, Verkauf, Marketing, Logistik, Buchhaltung und so weiter.

Manche glauben, für Erfolg und Misserfolg sei man immer selbst verantwortlich.

12. Prinzip Eigenverantwortung?

»Okay, orientieren wir uns am Erfolg!«, stimmt Günter zu. »Aber wer ist dafür verantwortlich? Du selbst? Das Schicksal? Oder andere?« Mal sehen:

Manche Schweinehunde glauben zum Beispiel an die reine Eigenverantwortung. Sie denken: »Für alles, was passiert, ist man immer selbst verantwortlich!« Das ist bei schwierigen Aufgaben sehr praktisch. Denn dann feuern einen die inneren Schweinehunde an: »Wenn du willst, dass es funktioniert, musst du etwas dafür tun!« Also bemüht man sich – und hat deshalb häufig Erfolg. Logisch: Den hat man sich schließlich selbst erarbeitet! Und Arbeit lohnt sich. Prima.

Leider glauben solche Schweinehunde aber auch bei Misserfolgen ständig an die Eigenverantwortung – selbst dann, wenn sie gar keine Schuld trifft: Ist der Partner mal schlecht gelaunt? Der Kunde kauft einfach woanders? Der Lieblingsverein verliert? Dann fragen sie sich verzweifelt: »Was habe ich nur falsch gemacht?« Und schon strengen sie sich doppelt so sehr an wie vorher, was manchmal in paranoiden Selbstvorwürfen und krankhafter Arbeitswut gipfelt – und oft unnötig ist.

Manche glauben, für Erfolg und Misserfolg seien immer andere verantwortlich.

13. Prinzip Fremdverschulden?

Andere Schweinehunde sind davon überzeugt, dass an Erfolg oder Misserfolg immer andere Menschen schuld sind. Eigenverantwortung? Unbekannt! Stattdessen tun sie lieber, was ihnen leichtfällt, und beurteilen die Resultate an den Umständen, die andere geschaffen haben: Beim Tennis gewonnen? »Schwacher Gegner!« Beim Tennis verloren? »Gegner zu stark!« Gute Prüfung geschrieben? »Die Fragen waren leicht!« Prüfung versemmelt? »Kein Wunder, bei den Hammerfragen!« Da gibt es ein klares Muster: Erfolge kommen von leichten Anforderungen, Misserfolge von schweren. Doch weil Anforderungen von anderen bestimmt werden, muss man sich selbst nicht anstrengen. Wozu für eine Prüfung lernen, wenn der Lehrer doch die Fragen stellt? Oh, du süße Bequemlichkeit!

»Wo ist das Problem?«, fragt Günter. »Ist doch toll, wenn man es dir einfach macht! Und wozu sich vorher abmühen, wenn es sowieso schwierig wird?« Natürlich, Günter. Aber was, wenn du schwierige Aufgaben mit guter Vorbereitung lösen könntest?

Es gibt Leute, die glauben,
Erfolg und Misserfolg seien
eine Frage des Schicksals.

14. Prinzip Schicksal?

Die dritte Schweinehundegruppe schert sich weder um Eigenverantwortung noch um Fremdbestimmung – sie glauben an Umstände, die kaum zu verstehen und zu kontrollieren sind: Erfolg oder Misserfolg resultieren demnach aus Glück, Pech, Energieströmen, Wasseradern, Naturgöttern, Psi-Phänomenen, Sternzeichen, Tagesform, Zufall, Gott, dem Teufel, Schutzengeln, Geistern, höherer Fügung oder kosmischer Strahlung. Nennen wir diese Überzeugung mal das Prinzip Schicksal.

»Wie praktisch!«, findet Günter. »Wer an das Schicksal glaubt, kann immer gelassen bleiben – egal was passiert. Er kann ja sowieso nichts ändern.« Richtig, Günter. Problematisch ist allerdings der Hang zur Passivität. Wenn sich sowieso nichts machen lässt, warum dann überhaupt gezielt handeln? Das ist sinnlos und viel zu anstrengend.

»Also was jetzt?« Günter wird ungeduldig. »Macht man Erfolg selbst? Machen ihn andere? Oder das Schicksal?« Kommt darauf an, Günter! Vielleicht stimmt ja alles ein bisschen?

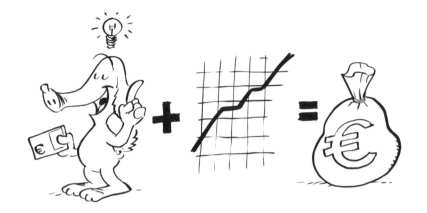

Erfolg ist das Ergebnis aus den richtigen Handlungen und Umständen.

15. Erfolg ist ein Ergebnis

Erfolg ist das Ergebnis aller Handlungen und Umstände, die ihn hervorrufen. Oft ist es unmöglich, wirklich genau zu bestimmen, was ihn bewirkt. »Warum dann dieses Buch?«, ärgert sich Günter. »Mach doch einfach weiter wie vorher, ohne dir den Kopf zu zerbrechen!« Keineswegs. Denn manche Erfolgsfaktoren kann man beeinflussen, andere nicht. Dies kann man vernünftig tun oder unvernünftig. Und wenn man vernünftig die richtigen Faktoren beeinflusst, wird Erfolg sehr wahrscheinlich – wenn auch nie zwingend notwendig.

»Klingt kompliziert«, stöhnt Günter. Aber nein: Stell dir vor, du willst in eine Straße, die du nicht kennst. Du siehst dazu in einem Stadtplan nach und suchst die Straße. So handelst du zielorientiert und vernünftig – und wirst die Straße wahrscheinlich finden. Ein Erfolg! Aber eben nur wahrscheinlich. Vielleicht stört dich unterwegs ja eine Baustelle? Oder du fällst hin und brichst dir ein Bein? Dann verfluchst du zwar die Stadtverwaltung oder das Schicksal, aber eigentlich kannst du locker bleiben: Beim nächsten Mal wird es schon klappen! Hättest du aber statt die Karte zu lesen zur Vorbereitung in den Kleinanzeigen geblättert, wärest du planlos herumgeirrt. Du hättest die Straße irgendwann gefunden, oder auch nicht. Und hätte dir dein Horoskop geraten, zuhause zu bleiben, hättest du die Straße womöglich erst gar nicht gesucht! Selbst ohne Baustelle und Beinbruch.

Bestimmte Ergebnisse haben
bestimmte Ursachen.

16. Ursache und Wirkung

»Also kann es gut sein, dass du alles richtig machst, aber trotzdem etwas schiefgeht?« Jawohl, Günter. »Es kann aber auch sein, dass du etwas falsch machst und trotzdem Erfolg hast?« Genau. Das ist der Unterschied zwischen Effizienz und Effektivität: Effizienz heißt, etwas richtig zu machen, Effektivität aber, das Richtige zu machen. Und am wahrscheinlichsten ist Erfolg, wenn du möglichst zielstrebig und vernünftig das Richtige tust – ohne allzu verbissen auf die Richtigkeit zu achten. Alles kannst du ohnehin nie kontrollieren.

»Hä? Und was ist das Richtige?«, will Günter wissen. Nun, das kommt ganz darauf an, was du vorhast. Willst du einen Kuchen backen, musst du bestimmte Zutaten in bestimmter Art und Reihenfolge miteinander kombinieren. Willst du einen Marathon laufen, musst du nach einem bestimmten Plan trainieren. Und willst du deine Beziehung verbessern, gibt es ebenfalls ganz bestimmte Dinge zu tun. Und wenn der Ofen nicht kaputt geht, der Innenmeniskus hält und dein Partner nicht abspringt, heißt es bald »Guten Appetit!«, »Go, Günter, go!« oder »Ich liebe dich!«. Das ist das Prinzip von Ursache und Wirkung. Wenn du die richtigen Dinge tust, werden sie wahrscheinlich die richtigen Wirkungen entfalten.

»Richtig oder falsch?« ist
keine Frage der Richtigkeit,
sondern der Richtung.

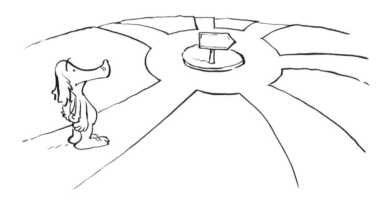

17. Was ist richtig?

»Super!«, freut sich Günter. »Ab sofort werde ich nur noch alles richtig machen!« Nicht ganz, Günter. Noch mal: Es ist ein großer Unterschied, ob du etwas richtig machst oder das Richtige machst. Ein Beispiel: Stell dir vor, eine gute Sekretärin will ihr Englisch verbessern und besucht dafür ein Ultraschall-Seminar für Ärzte. Sie kann dabei noch so gut aufpassen, noch so viel über Sonografie-Technik lernen und sich noch so sehr anstrengen – es wird ihr nichts bringen: Für das, was sie erreichen will, ist das Seminar sinnlos. Selbst wenn sie dabei alles richtig machen würde, täte sie genau das Falsche. Sie hätte keinen Erfolg. Würde die Sekretärin stattdessen aber ein Seminar in Business-Englisch besuchen, könnte sie ruhig ein paar Fehler machen – sie täte dennoch das Richtige: Die Korrespondenz mit internationalen Kunden würde sich verbessern. Ein Erfolg!

Erfolg scheint also eine Frage der Richtung zu sein. Denn die Richtung des Handelns muss zu dem passen, was man erreichen will: Was nützen dir Kuchenbacken, Marathon-Training und Beziehungsgespräche, wenn du dich kohlenhydratarm ernährst, laufen dämlich findest und dich anderweitig verliebt hast? Das wäre so, als würdest du eine Leiter raufklettern, die am falschen Schlafzimmerfenster steht.

Vorsicht vor alten
Automatismen!
Passt das, was du tust,
wirklich zu dir?

18. Vorsicht, alte Muster!

»Dann kann man sich also auch tierisch anstrengen und trotzdem das Falsche tun?« Stimmt. Deshalb ist es ja so wichtig, sich klarzumachen, was Günter denkt! Schließlich quatscht er gerne nach, was in deiner kleinen Welt alles vorkommt – egal, ob es zu dir passt oder nicht. Denn aus seinen Gewohnheiten und Überzeugungen entwickelt sich dein Leben. Doch Günter kopiert meist die anderen und deren Erfolgsrezepte! So wird Erfolg schließlich zum Zufallsprodukt deiner Biografie. Schade.

»Ich verstehe langsam!«, freut sich Günter. »Es wäre schlauer, darauf zu achten, was wirklich zu einem passt.« Genau. Dann kannst du deine Psycho-Programme bewusst auffrischen – also neue Denk-Gewohnheiten schaffen – und endlich die Erfolge feiern, die dir zustehen. Keine Sorge übrigens: Das Leben hält dafür viele spannende Software-Updates bereit.

»Aber was passt denn zu dir?«, will Günter wissen. Nun, das kommt ganz darauf an, was für ein Typ du bist. Denn jeder Mensch – und jeder Schweinehund – ist anders.

Wo liegen deine persönlichen Stärken? Was macht dich einzigartig?

19. Jeder Schweinehund ist anders

Also: Was bist du für ein Typ? Wo liegen deine persönlichen Stärken, wo deine Schwächen? Welche Vorlieben hast du? Und welche Abneigungen? Wo liegen deine besonderen Interessen? Wo deine Energien? Was geht dir locker von der Hand, während es anderen Menschen schwerfällt? Was könntest du täglich stundenlang tun, ohne dabei müde zu werden? Kurz: Was macht dich einzigartig? »Keine Ahnung!«, grunzt Günter. »Darüber habe ich mir noch nie Gedanken gemacht.« Schade, aber leider üblich ... Wenn man innere Schweinehunde allerdings nach persönlichen Schwächen fragt, wissen sie sofort Bescheid: »Du bist zu doof für Mathe!«, »Du bist zu dick!« und »Du bist zu langsam!«. Und wieder mal plappern innere Schweinehunde nach, was andere ihnen eingeredet haben: Lehrer, Magermodels und der Chef.

Dabei hat jeder Mensch seine persönlichen Stärken: Rechnen, Reden, Malen, Konstruieren, Musizieren, Zuhören, Sport machen und so weiter. Jeder kann etwas anderes gut! Auch innerhalb einzelner Stärken kann man differenzieren: Einer malt gute Ölgemälde, ein anderer coole Comics. Einer läuft gut Langstrecke, ein anderer 100-Meter-Sprints. Einer konstruiert prima Herzschrittmacher, ein anderer Häuser. Und manche haben sogar mehrere Stärken gleichzeitig.

Je mehr du deine Stärken stärkst, desto eher kannst du deine Schwächen vergessen!

20. Stärken stärken

»Warum ist das mit den Stärken denn so wichtig?«, will Günter wissen. Ganz einfach: Wenn du weißt, was du besonders gut kannst, bist du darin von vornherein besser als andere. So ist Erfolg vorprogrammiert. Wenn du deine Stärken weiter verbesserst, wird der Erfolg immer größer – ohne dass es für dich besonders hart würde. Schließlich tust du, was dir leichtfällt.

»Aber viele andere haben doch die gleichen Stärken!« Möglich. Doch oft lassen sie ihre Stärken verkümmern, ohne sie weiterzuentwickeln – vielleicht, weil sie sie nicht kennen oder sie nicht ernst nehmen. Oder aber weil ihnen ihr innerer Schweinehund einredet: »Du musst an deinen Schwächen arbeiten!« Das mag richtig klingen, ist aber nicht unproblematisch: Denn wer seine Schwächen verbessert, hat dabei viel Mühe – und bringt dennoch höchstens Mittelmaß zustande, während sein Potenzial auf der Strecke bleibt. Lukas Podolski soll auch lieber Tore schießen, als welche verhindern. Also trainiert er im Sturm – und nicht etwa als Innenverteidiger oder Torwart.

»Je mehr du also deine Stärken stärkst, desto eher kannst du deine Schwächen vergessen?« Was für ein schlauer Schweinehund!

Die eigenen Schwächen sind anderer Leute Stärken. Also keine Zeit- und Energieverschwendung!

21. Schwächen sind egal

»Was passiert aber, wenn man trotzdem an seinen Schwächen arbeitet?«, will Günter wissen. Na, das kommt darauf an, wie sehr man sich darauf konzentriert: Ein bisschen Korrektur ist schon okay. Doch wer sich zu lange damit herumquält, hält sich bald für dümmer als andere! Und das machen schlaue Schweinehund nicht lange mit. Also folgt bald die kollektive Beschwichtigung: »Das Leben ist hart!«, »Da kann man sowieso nichts machen!« und »Erfolg ist Glückssache!«. Leider untermauern so alle gegenseitig ihre Hilflosigkeit und schwächen ihr Selbstbewusstsein. Dabei klettern sie nur die Leitern am falschen Fenster hoch …
Und wer weniger selbstkritisch ist, übt seine Schwächen so lange, dass er es darin zu Mittelmaß schafft. Wie schade: Es gibt schließlich genügend mittelmäßige Friseure, Psychologen, Unternehmer …

»Man kann also mit seinen Schwächen viel Zeit und Energie verschwenden?« Genau, Günter. Denn die eigenen Schwächen sind oft anderer Leute Stärken. Und die eigenen Stärken anderer Leute Schwächen. Also: Warum sich nicht gleich bei dem anstrengen, was man ohnehin gut kann? Viele erfolgreiche Menschen machen es so: Sie konzentrieren sich auf ihre Stärken. Und sie lassen sich bei ihren Schwächen helfen – von denen, die es besser können. Sicher hast du auch schon von chaotischen Chefs gehört, die nicht einmal wissen, wie ein Faxgerät funktioniert? Ohne Sekretärin aufgeschmissen! Und trotzdem erfolgreich.

Wer tut, was er gut kann und mag, erlebt seinen Beruf oft als Berufung. Wer nur tut, was er tun soll, verschleudert meist seine Talente.

22. Beruf und Berufung

Jeder Mensch hat seine persönlichen Stärken. Also steigen seine Erfolgsaussichten, wenn er sie nutzt – zum Beispiel im Beruf: als Kellner, Zahnärztin, Tänzer, Kindergärtnerin oder Rechtsanwalt. Wer tut, was er gut kann, erlebt seinen Beruf oft als Berufung. Das nutzt nicht nur Günter, sondern allen Schweinehunden: Weil Menschen so unterschiedlich sind, feiert die Menschheit Erfolge –
1 plus 1 gleich 3.

Wer aber tun muss, was er weder kann noch will, lebt schnell im Dauerfrust – vor allem, wenn er nur fremde Erwartungen erfüllen soll: Der Sohn »muss« Arzt werden, weil sein Vater Arzt ist? Schwierig, wenn Sohnemann lieber Tischler werden will! Fräulein Superhirn darf nicht studieren, weil die Mama als Haufrau glücklich ist? Pure Stärken-Verschwendung! Denn: Wer soll tischlern und nachdenken, wenn nicht die, die es können und mögen? Es würde auch niemand Hunde melken und mit Kühen Gassi gehen wollen ... Also: Werden Stärken unterdrückt, führt das zu Misserfolg. Daran sind übrigens auch schon viele totalitäre Staaten gescheitert.

Spezialisier dich auf das,
was du gut kannst und was
nur wenige andere tun!

23. Spezialisierung gefragt

Aber Vorsicht: Oft erkennt man seine persönlichen Stärken nicht selbst. Und dann kann man seine Interessen für eine Stärke halten – obwohl auch Interessen oft von anderen Menschen stammen: Du schneidest gerne Haare? Vielleicht ja nur, weil deine Freundin Friseurin ist? Nicht gut, mit zwei linken Händen … Dennoch kein Problem: Womöglich bist du dafür gut im Organisieren? Also: Nicht Friseur oder Friseurin werden, geh lieber ins Management! Du siehst: Obwohl der Friseurberuf nahezuliegen scheint, wäre er die schlechtere Wahl. Wichtig ist also ein ehrliches Feedback deiner Mitmenschen! Frag sie: »Was kann ich besonders gut?« Höre gut zu! Und dann werde erfolgreich!

Wichtig ist auch das Gesetz des Marktes! Denn: Was viele machen, wird schlecht bezahlt. Und was wenige tun, gut. Fußballspieler gibt es viele, Nationalspieler nur elf. Bei hoher Konkurrenz haben also nur die Mega-Stars Erfolg. Bei geringer auch weniger Talentierte. Also: Mit Mittelmaß bei hoher Konkurrenz zum Star werden? Vergiss es! Besser, du suchst dir eine Nische, in der du deine Stärken einbringen kannst. In der du zum Experten wirst. Hallo Erfolg!

Lust auf noch mehr Selbsterkenntnis? »Klar!«, grunzt Günter. Gut, dann machen wir es jetzt ganz einfach. Tun wir mal so, als gäbe es nur vier verschiedene Schweinehunde-Typen: die Routine-, Besserwisser-, Cholero- und Aktions-Günter.

Routine-Günter mögen Routine-Aufgaben. Neues finden sie anstrengend.

24. Routine-Günter

Der erste Günter-Typ ist der Routine-Günter. Ständig kommt er mit Sprüchen wie »Neues? Nein, danke!«, »Eines nach dem anderen!«, »Das haben wir schon immer so gemacht!« oder »Nur nicht den Mund verbrennen!«. Er braucht klar umrissene Aufgaben und immer ähnliche Abläufe und Rituale. Unbekanntes verunsichert ihn. Und Unordnung mag er gar nicht. Routine-Günter sind zudem gerne Teil einer Gruppe. Sie ordnen sich lieber anderen Meinungen unter, als auf der eigenen zu beharren. Und Rampenlicht scheuen sie wie der Teufel das Sonntagsgebet!

Routine-Günter sind sorgfältig, verlässlich und loyal. Sie vertragen sich gut mit anderen Schweinehunden und stellen ihr eigenes Wohl oft hinter das der Gruppe. Leider sind Routine-Günter meist etwas zu ängstlich und zu gehorsam. »Warum mitdenken? Wird schon richtig sein!«, sagen sie gerne. Gegen Veränderungen wehren sie sich erst mit erstaunlicher Kraft – und passen sich am Ende doch gut an Neues an. Leider verpulvern sie dabei viel Energie. Völlig unnütz: Das Leben ändert sich sowieso andauernd!

Besserwisser-Günter sind sehr vorsichtig, gebildet und genau. Leider auch rechthaberisch, eingefahren und unpraktisch.

25. Besserwisser-Günter

Besserwisser-Günter gehören zur zweiten Schweinehunderasse: Sie klopfen Sprüche wie »Träume sind Schäume!«, »Der Teufel ist ein Eichhörnchen!«, »Der Krug geht so lange zum Brunnen, bis er bricht!« und »Vertrauen ist gut, Kontrolle ist besser!«. Besserwisser-Günter wollen nämlich immer alles so richtig wie möglich machen. Deswegen orientieren sie sich gerne an Statuten, Statistik, Büchern und Vorgaben. Sie planen exakt voraus und sind so vorsichtig, dass es an Misstrauen grenzt. Sie haben einen Blick für Details und lassen sich kein X für ein U vormachen. Bevor offene Fragen nicht geklärt sind, würden sie niemals handeln. Viel zu unsicher! Sie sind fleißig, neugierig und ehrgeizig – in ihrem Lieblingsthema. Dass es auch andere Themen auf der Welt gibt, interessiert sie nicht.

Besserwisser-Günter sind prima Ratgeber: In ihrem Fachgebiet kennen sie sich bestens aus! Doch leider nur in ihrem Fachgebiet, denn Besserwisser neigen dazu, sich in Kleinkram zu verzetteln, sodass der Blick fürs große Ganze darunter leidet. Sie denken: »Was ist richtig?« Nicht: »Was ist das Richtige?« Sie denken: »Was ist realistisch?« Nicht: »Was ist möglich?« Geduldige Genauigkeit ist ihre Stärke. Paralyse durch Analyse ihre Schwäche.

Cholero-Günter
sind zielstrebig,
strategisch und
umsetzungsstark.
Doch leider auch
oft ruppig und
unverbesserlich.

26. Cholero-Günter

Nun zur dritten Gruppe: den Cholero-Schweinehunden. Sie kläffen Frauchen und Herrchen wieder ganz andere Sprüche ins Ohr: »Du hast Recht! Und zwar immer!«, »Setz dich durch!«, »Ganz oder gar nicht!« oder »Wer lauter schreit, gewinnt!«. Cholero-Günter lieben nämlich schnelle Fortschritte. Sie wissen, was sie wollen, und handeln kraftvoll, zielstrebig und strategisch. Notfalls auch ein bisschen ruppig. Sie denken: »Der Zweck heiligt die Mittel!« Kleinkram interessiert sie nicht: »Es geht schließlich ums große Ganze!« Und damit nur um den Gesamtüberblick.

Klar, dass Cholero-Günter in Gruppen oft sozialen Flurschaden anrichten oder sich mit Besserwissern streiten. Dennoch bringen sie Projekte in Gang, die andere niemals für möglich hielten. Routine-Schweinehunden geben sie dadurch oft Sinn, Richtung und Arbeitsplätze – und Besserwissern neue Statuten. Manchmal allerdings bräuchten Choleros ein bisschen mehr Selbstzweifel: Denn auch bei offensichtlichen Misserfolgen wähnen sie sich partout im Recht – oft leider so lange, bis der Karren tief im Dreck steckt.

Aktions-Günter sind schwungvoll,
charmant, neugierig – und leider
etwas chaotisch.

27. Aktions-Günter

Die vierte Schweinehunderasse ist unruhig und kontaktfreudig. Ihre schlauen Sprüche lauten: »Hauptsache, Action!«, »Etwas Neues? Cool!« »Alle Menschen sind Freunde!« oder »Probieren geht über Studieren!« Routine mögen sie gar nicht, Neues umso lieber. Sie kommen schnell mit anderen Schweinehunden in Kontakt und halten lange Analysen für Zeitverschwendung. »Risiko? Egal!«, denken sie. »Wenn es jetzt schiefgeht, klappt es beim nächsten Mal!«

Aktions-Günter sind immer in Bewegung, meistens gut gelaunt – und leider auch ein bisschen oberflächlich: Besserwisserei finden sie unwichtig, Routine langweilig und Cholero-Allüren unelegant. Von Nachdenken, Genauigkeit und Strategie halten sie nicht besonders viel – weshalb sie ihr Aktionsdrang mitunter in Schwierigkeiten bringt. Mit Charme und Schwung allerdings schaffen sie sich Probleme meist wieder schnell vom Hals. »Wozu grübeln? Handeln!«, denken sie – und hätten dennoch viel mehr Erfolg, wenn sie vor dem Handeln öfter mal grübeln würden.

Schweinehunderassen kommen in Mischformen vor – mit ganz eigenen Stärken. Wo liegt denn deine Kernkompetenz?

28. Jedem seine Stärke

»Pfui, Klischees!«, empört sich Günter. »Man kann doch niemanden in Schubladen stecken!« Natürlich nicht. Aber das Modell kann helfen, ein wenig Ordnung zu schaffen. Die reinen Prototypen kommen vor – sie sind aber selten. In der Realität vermischen sich die Schweinehunderassen meist. So sind beim einen vielleicht Cholero- und Aktions-Schweinehund besonders aktiv und beim anderen Routinier und Besserwisser – in individueller Ausprägung natürlich. Cholerischer Besserwisser? Besserwisserischer Cholero mit Hang zur Routine? Alles möglich.

»Jeder Mensch hat also sein eigenes Schweinehundeprofil?« Genau, Günter: Der eine muss seinen inneren Schweinehund überwinden, wenn er handeln soll (Besserwisser- und Routine-Günter), der andere, wenn er Geduld braucht (Cholero- und Aktions-Günter). Denn jeder hat seine eigenen ganz speziellen Stärken und Schwächen! Das bedeutet aber auch, dass jeder seine ganz eigenen Erfolgschancen hat – zum Beispiel im Beruf: Klar, dass etwa Aktions-Günter bessere Vertriebler sind als Besserwisser. Auch klar, dass Besserwisser als Wissenschaftler mehr leisten als Aktions-Günter. Und während Routine-Schweinehunde gute Sachbearbeiter oder Teammitglieder abgeben, eignen sich Choleros gut als Unternehmer oder Einzelkämpfer. Warum also unnötig mit sich kämpfen? Erfolg folgt, wenn man sich selbst folgt. Übrigens besonders schnell, wenn man noch ein paar Tugenden draufhat.

Tugenden sind
wie Katalysatoren:
Sie verbessern
persönliche
Stärken und
gleichen
Schwächen aus.

29. Tugend sei Dank

»Was sind denn Tugenden?«, fragt Günter misstrauisch. Tugenden sind besonders positive Eigenschaften wie etwa Humor, Sensibilität, Liebenswürdigkeit, Vorsicht, Takt, Ausdauer, Treue, Wärme, Kreativität, Anstand, Fröhlichkeit, Toleranz, Weitsicht, Verlässlichkeit, Lebendigkeit, Vernunft, Beständigkeit, Loyalität, Offenheit, Begeisterungsfähigkeit, Milde, Bescheidenheit, Ehrlichkeit, Würde, Höflichkeit, Optimismus, Rücksicht, Standhaftigkeit, Glaubwürdigkeit, Hilfsbereitschaft, Freundlichkeit, Nachsicht, Uneigennützigkeit oder Aufmerksamkeit. Schon mal gehört, Günter?

»Und wofür soll das alles gut sein?« Ist doch klar: Tugenden unterstützen deine Stärken und helfen, deine Schwächen auszugleichen. Stell dir etwa einen Autor mit einer tollen Story-Idee vor. Leider hat er keine Zeit zum Schreiben, obwohl die Abgabefrist immer näher rückt. Der Autor will tun, was seiner Stärke entspricht: sich eine Geschichte ausdenken und zu Papier bringen. Dennoch hat er keinen Erfolg: Die Umsetzung klappt nicht. Wenn er jedoch seinen Verleger ehrlich (Tugend) und höflich (Tugend) um Verständnis (Tugend) bittet, der Verleger aufmerksam (Tugend) zuhört, dann nachsichtig (Tugend) und loyal (Tugend) die Abgabefrist verlängert und sich der Autor nun optimistisch (Tugend), begeistert (Tugend) und ausdauernd (Tugend) ans Schreiben macht, kommt am Ende dennoch ein Erfolg heraus. Trotz Zeitproblem. Tugend sei Dank!

Wenn innere Werte
einander widersprechen,
droht Stillstand.

30. Vorsicht, Wertekonflikt!

»Viel zu idealistisch!«, stänkert Günter. »Du bist doch kein Heiliger!« Offensichtlich findet Günter positive Eigenschaften seltsam. Warum? »Ist doch klar: Tugenden sind anstrengend, dröge und machen keinen Spaß!« Aha: Einerseits willst du Erfolg haben, aber dich andererseits nicht anstrengen müssen. Klar, dass du dich damit selbst sabotierst! Günter steckt in einem handfesten Wertekonflikt!

»Ein Wertekonflikt?«, wundert sich Günter. Aber logisch: Innere Werte zeigen nämlich an, was einem wichtig ist, wie etwa Freiheit, Erfolg, Spaß oder Fairness. Sie sind wichtige Motive, die unser Handeln motivieren. Und wenn solche Werte oder Motive einander widersprechen, ist das, als ob zwei Ruderer dasselbe Boot in unterschiedliche Richtungen rudern: Jeder strengt sich an. Trotzdem kommen sie nicht von der Stelle.

Wertekonflikte sind übrigens häufig Grund dafür, warum Menschen keinen Erfolg haben: Stell dir etwa einen Beziehungsmuffel vor, der heiraten soll. Oder eine Diätwillige, die Schokolade liebt. Oder einen Boxer, der Mitleid mit seinem Gegner hat.

Wenn zwei wichtige Werte oder Motive einander widersprechen, geht es innerlich oft hin und her.

31. Was wirklich wichtig ist: Werte und Motive

Ein häufiges Anzeichen für Werte- oder Motivkonflikte ist auch Ambivalenz: Du willst dich einerseits selbstständig machen und brauchst andererseits einen »sicheren« Arbeitsplatz? Dann hüpft Günter innerlich hin und her: »Du bist besser als der Chef!«, sagt er einmal. »Gut, dass es den Chef gibt!«, ein andermal. Oder du willst mit dem Rauchen aufhören, meinst aber, ohne Zigarette auf etwas zu verzichten? Dann denkst du einerseits: »Weg mit den Krebsstängeln!« Andererseits: »Hin und wieder zu rauchen, schadet nicht!« Keine gute Voraussetzung für Erfolg!

»Und wie löst man solche Konflikte auf?« Indem du dir zunächst deine Werte und Motive klarmachst. Schließlich gibt es davon eine ganze Menge. Etwa das Streben nach Macht, Erfolg, Unabhängigkeit, Wettkampf, Anerkennung, Ordnung, Glück, Sparsamkeit, Genuss, Ehre, Zielerreichung, Gesundheit, Status, Beziehungen, Kraft, Mut, Sicherheit, Gruppenzusammengehörigkeit, Tradition, allgemeiner Gültigkeit, Liebe, Freundschaft, Gerechtigkeit, Schönheit, Harmonie, Taktgefühl, Weisheit, Treue, Vertrauenswürdigkeit, Geld, Eigentum, Glaube, Sinn, Altruismus, Neugier, Humor, Idealismus, Verantwortungsbewusstsein, Kreativität, sozialer Intelligenz, Vorsicht, Dankbarkeit, Lust am Lernen, Selbstregulation, Spaß, Enthusiasmus, Spiritualität, Erotik, Hoffnung, Ästhetik, körperlicher Aktivität, emotionaler Ruhe, Essen, Trinken … Na? Welche Werte sind dir wichtig?

Wer seine Werte nach
ihrer Wichtigkeit
ordnet, klärt innere
Konflikte.

32. Die Werte-Rangliste

»Ganz schön viele Werte!« Na klar: Irgendwo müssen die Unterschiede zwischen Menschen ja herkommen. Wenn du übrigens ein wenig Licht in dein persönliches Werte-Dunkel bringen willst, kannst du jedem einzelnen Wert und Motiv eine Punktzahl geben: von null bis zehn für »unwichtig« bis »sehr wichtig«! Also vielleicht fünf Punkte für Macht, sieben für Unabhängigkeit, neun für Anerkennung, drei für Ordnung und so weiter. Und dann fasst du alle in einer Rangliste zusammen: zum Beispiel zehn Punkte für Genuss, Glück, Humor und Erotik, neun Punkte für Essen, Trinken, Harmonie und Geld, acht für Eigentum, Vorsicht, Idealismus und so weiter. So lernst du dich sehr schnell gut kennen – und löst so manchen Konflikt: Steht Erfolg bei dir über Genuss? Dann sind ein paar Tugenden schon wichtig, Günter! Es müssen ja nicht gleich alle sein.

»Was aber, wenn zwei völlig unterschiedliche Werte gleich wichtig sind? Wie etwa Vorsicht und Mut? Oder Tradition und Kreativität? Oder Machtstreben und das Bedürfnis nach emotionaler Ruhe?« Dann könnte es sein, dass du Probleme mit der Reihenfolge hast, lieber Schweinehund.

Erst das eine erleben, dann das andere!

33. Die Werte-Reihenfolge

»Eine Reihenfolge für Werte?«, wundert sich Günter. »Was soll denn das?« Aufgepasst: Mal angenommen, du bist sehr gerne bei deinen Freunden und genauso gerne bei deinem Partner. Also behindern sich hier die Werte Freundschaft und Liebe oder Unabhängigkeit und Beziehungswunsch. Kein Problem: Nun kannst du zwischen Partner und Freunden abwechseln! In der Reihenfolge, die dir am besten passt: Erst der Partner, dann die Freunde. Oder umgekehrt. Du brauchst auf nichts zu verzichten. Erst das eine, dann das andere.

»Du kannst aber auch beides miteinander kombinieren!«, freut sich Günter. Ja, aber nicht immer. Denn was, wenn sich beides ausschließt? Wenn weder dein Partner deine Freunde mag? Noch deine Freunde deinen Partner? Und was, wenn du dich zwischen beiden entscheiden musst? Autsch, das tut dann weh! Und Günter zögert die Entscheidung natürlich hinaus: »Ab morgen bin ich nur noch mit euch zusammen!« oder »Ab morgen bleiben wir zu zweit!«. Ja, ja. Ab morgen …

Solche Konflikte löst du am besten, indem du deine Werte und Motive in die richtige Reihenfolge bringst. Nur orientiert sich diese Reihenfolge an etwas größeren Kriterien: am großen Bild von deinem Leben!

Stell dir ein großes Bild von deinem Leben vor. Welche Motive sind darauf abgebildet?

34. Das große Bild von deinem Leben

Weißt du noch, wie du dir als Kind dein Leben erträumt hast? Was wolltest du werden? Was tun? Was erleben? Als Schauspielerin Menschen begeistern? Einen Prinzen heiraten? In einer Villa wohnen? Als Cowboy mit Indianern Frieden schließen? Fußballprofi werden? Zum Mond fliegen? Das waren noch Zeiten! Nach und nach sind deine Wünsche dann überlagert worden – von wohlmeinenden Eltern, besserwisserischen Lehrern, mürrischen Chefs und tränenreichen Beziehungen. Kurz: von deiner persönlichen »Realität«. So wurde die Schauspielerin Industriekauffrau und der Cowboy Elektriker. Günter sein Dank!

Mittlerweile weißt du aber, dass du nicht immer auf Günter hören musst: Du bist frei, zu tun, was du willst und kannst! Sozusagen frei wie ein Adler. Wenn ein Adler aber unter Hühnern aufwächst, hält er sich bald selbst für ein Huhn – obwohl er manchmal vom Fliegen träumt. Und wenn er sich dann unter den Hühnern umsieht, stellt er fest: Fliegen unmöglich. Dabei müsste er nur mal in den Himmel schauen und seine Flügel bewegen! Er könnte seinen Träumen vertrauen.

Und du? Wovon träumst du, obwohl es dir vielleicht nicht »realistisch« erscheint? Stell dir dein Leben als ein großes Gemälde vor: Alles, was darauf dargestellt ist, darfst du erleben! Na? Welche Motive soll der Künstler für dich malen?

Was willst du noch
alles erleben?
Schreib dir eine
Wunschliste!

35. Die Wunschliste

»Kitschige Geschichte, das mit dem Adler!«, schimpft Günter. »Einfach fliegen? Lächerlich!« Nein, denn aus der Vogelperspektive findet man seinen Weg viel besser. Man erkennt, was man wirklich will – so wie du als Kind Wunschlisten für den Weihnachtsmann geschrieben hast: Spielzeug, Süßigkeiten, Kinobesuche, Kinderpartys, Vorleseabende mit Oma und ein Hundewelpe, der niemals groß wird. Du hattest keine Hemmungen, dich zu äußern, und wusstest zwar, dass der Weihnachtsmann nicht alle Wünsche erfüllt – aber besser, er erfüllt ein paar, die einem wirklich am Herzen liegen, als dass man irgendetwas bekommt, das man nicht will! Ein gutes Briefing kann Wunder wirken.

Höchste Zeit also für aktuelle Wünsche! Nur geht es heute nicht mehr um Weihnachtsgeschenke, sondern um dein großes Bild. Um deine Vogelperspektive. Also: Nimm dir ein Blatt Papier und einen Stift. Such dir ein ruhiges Plätzchen und sammle deine Gedanken: Was willst du noch alles erreichen? Was tun? Was erleben? Du kannst dich dabei etwa an deinen wichtigen Lebensbereichen orientieren: an Familie, Umfeld, Job, Geld, Gesundheit und deinen Werten. Und dann schreibst du wirklich alles auf, was du dir wünschst – egal, ob es Günter für möglich hält: Einen neuen Partner? Friede mit dem alten? Ein eigenes Haus? Bessere Freunde? Dein Hobby als Beruf? Geld wie Heu? Endlich schlank sein? Zeit zum Lesen finden? Und den Pilotenschein machen? Alles aufschreiben! Zensur verboten! Lass dir Zeit!

Wann könnte jeder einzelne
Wunsch Wirklichkeit werden,
wenn du alles dafür tun würdest?

36. Alles zu seiner Zeit

»Da kommt ja ganz schön was zusammen!«, staunt Günter. Sicher: Bei so vielen unterdrückten Träumen … Also zum nächsten Schritt: Überleg dir bei jedem einzelnen Wunsch, wann du ihn erreichen könntest, wenn du alles dafür tun würdest. Günter darf jetzt auch den Realisten raushängen lassen. Eigenes Haus? »Fünf Jahre vielleicht. Und 25, bis es abbezahlt ist.« Die Marktführerschaft? »Zehn Jahre.« Schlank sein? »Zwei Jahre.« Zeit zum Lesen? »Erst in der Rente!« Und so weiter.

»Komisch!«, wundert sich Günter. »Wenn man die Wünsche einzeln betrachtet, erscheinen viele realistisch!« Klar: Wenn du weißt, wo du hin willst, kannst du tun, was dich zum Ziel bringt. Irgendwann wirst du ankommen – selbst wenn es eine Weile dauert. Du musst deine Wünsche schließlich nicht alle auf einmal erfüllen!

Manche Wünsche passen übrigens auch nicht in dieselbe Lebensphase: Chefarzt mit Anfang zwanzig? Und gleichzeitig ausgedehnte Stranduraube mit der Freundin? Cool down: Alles zu seiner Zeit! Wenn du deine Wünsche aber weder kennst noch ernst nimmst, tust du auch nichts, was dich ihnen näher bringt. Pech gehabt, Schweinehund!

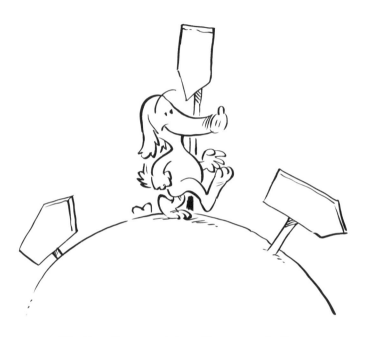

Die Handlungen deiner Vergangenheit führten zu deiner Gegenwart. Was du heute tust, führt zu deiner Zukunft.

37. Die Zeitlinie

»Was aber, wenn ein Wunsch wirklich unrealistisch ist?«
Dann verabschiede dich davon: Opa will eine Zwanzigjährige erobern? Lieber den Jungen eine Chance geben!
Dennoch Vorsicht: Begrabe keine realistischen Träume!
George Foreman war noch mit 45 Jahren Box-Weltmeister im Schwergewicht, Konrad Adenauer mit 87 Bundeskanzler – und auch Methusalix hat das Herz einer jungen Frau erobert ... Es scheint oft mehr zu gehen, als man so denkt. Trotz Günters üblichen Ausreden: zu alt, zu jung, zu dick, zu dünn, zu dumm, zu schlau, zu arm, zu wenig Zeit, zu männlich, zu weiblich.

»Aber du lebst doch nicht ewig!« Natürlich nicht, Günter. Deshalb ist es ja so wichtig, darüber nachzudenken, was du mit deinen Jahren anfängst! Stell dir deine Lebenszeit als eine Linie vor – von der Vergangenheit über heute und jetzt in die Zukunft. Was du heute erlebst, hast du gestern angefangen. Und was du heute anfängst, kannst du morgen erleben. Es geht zwar nicht alles, aber sicher sehr viel. Wie alt bist du? 15? 35? 65? Dann nimm einen Meterstab und säge ihn bei deinem Alter ab: bei 15, 35 oder 65 Zentimetern. Und dann säge ihn noch mal dort ab, wo deine statistische Lebenserwartung liegt: Frauen bei 81 und Männer bei 76 Zentimetern. Na? Noch Lust auf Günters Automatismen?

Stell dir deine
Beerdigung vor:
Was bleibt von
dir übrig, wenn
du nicht mehr da
bist?

38. Deine Beerdigung

»Puh, jetzt wird es mir mulmig!«, nuschelt Günter. »Wer will schon an den Tod denken?« Keine Sorge: Das dauert schon noch. Aber ein bisschen helfen kann uns der Tod auch zu Lebzeiten: nämlich dann, wenn wir uns darüber klar werden wollen, was wirklich wichtig für uns ist. Welche unserer vielen Träume und Wünsche wollen wir wirklich leben? Und auf welche können wir ruhig verzichten?

Achtung, jetzt wird es makaber: Stell dir bitte deine eigene Beerdigung vor! Stell dir vor, wie du im Sarg liegst, und deine Familie, Freunde, Bekannten und Kollegen deine Trauerfeier besuchen. Was denken sie über dich? Was sagen sie? Du hättest viel geredet, aber kaum gehandelt? Ständig gejammert, aber wenig geändert? Viel gearbeitet und nur wenig erreicht? Ein Leben in angepasster Mittelmäßigkeit geführt? Ach, hättest du nur mehr Zeit gehabt! Oder klarere Prioritäten gesetzt!

Was aber, wenn du deine wichtigsten Träume alle gelebt hättest? Ein Vorbild gewesen wärest? Viel geschaffen hättest in kurzer Zeit? Meistens beliebt und glücklich gewesen wärest? Und alles mit anderen hättest teilen können? »Dann wäre dein Leben ziemlich gut gelungen!« Bingo, Günter!

Werte, Motive, Wünsche
und Prioritäten sind wie ein
Kompass im Kopf.

39. Innere Konflikte lösen

Nun zurück zu den inneren Konflikten! Was tun, wenn zwei Werte oder Motive einander widersprechen? Geh in die Vogelperspektive und betrachte dein Leben als Ganzes! In welche Richtung soll es jetzt gehen? Welches Motiv bringt dich dahin? Wann passt es am besten? Und ist der Konflikt wirklich so wichtig?

Dein Partner und deine Freunde streiten sich um dich? Dann schau, was besser in deinen jetzigen Lebensplan passt: Du hast eine junge Familie mit Kindern? Lösung also: die Partnerschaft! Du hast für einen neuen Lebensabschnitt passende Freunde gefunden, während dein Partner nur noch in der Vergangenheit lebt? Logisch: Jetzt sind die Freunde wichtiger! Du siehst: Mit Werten, Motiven, Wünschen und Prioritäten löst sich mancher Konflikt von selbst. Fast so, als hättest du einen Kompass im Kopf, der dir die Richtung weist.

Ach, übrigens: Wenn sich Partner und Freunde ständig in die Wolle kriegen, zeigt das auch manchmal, dass eine der Parteien nicht gut für dich ist. Sobald der psychische Druck zu groß wird, frag dich: Sind genau dieser Partner und diese Freunde wirklich so wichtig? Passen genau sie in dein großes Bild vom Leben? Manche Konflikte lösen sich ja, indem ihre Ursachen verschwinden.

Erfolgreiche Menschen handeln. Handlungen führen zu Ergebnissen – und Erfolgen.

40. Handeln bringt Erfolg

»Werte, Wünsche und Prioritäten sind also wie ein Kompass im Kopf?« Günter ist begeistert. »Dann wird die Richtung ja in Zukunft stimmen!« Genau: Du kannst tun, was dir wichtig ist. Du kennst dich selbst. Du kennst deine Richtung. Du musst dich nicht verbiegen. Und weil das so schön ist, musst du dazu nicht mal deinen inneren Schweinehund überwinden. Erfolg, wir kommen!

»Dann warten wir jetzt also nur noch ab, bis sich der Erfolg einstellt?« Nicht ganz, Günter. Der nächste Schritt zum Erfolg ist nämlich, dass du aktiv etwas dafür tust. Also, dass du handelst! Denn die meisten erfolgreichen Menschen tun genau das: Sie handeln. Während die meisten erfolglosen Menschen etwas ganz anderes tun: Sie handeln nicht. Stattdessen denken sie lieber nach, zögern, jammern, analysieren und diskutieren, faulenzen und fürchten sich. Und ihre inneren Schweinehunde suchen nach allerlei Ausreden, um ja nichts entgegen ihrer Gewohnheiten tun zu müssen. Doch ohne Handlung kein Ergebnis … »Logisch!«, kläfft Günter. »Das wäre so, als wollte man durch Nachdenken einen Kuchen backen.« Ein schlauer Schweinehund!

Wollen + Können + Dürfen = Tun

41. Wollen, können, dürfen

Damit Günter ins Handeln kommt, müssen drei Faktoren stimmen: das Wollen, Können und Dürfen!

Wer nicht handeln will, handelt auch nicht. Stell dir vor, dein Partner rät dir zur Diät, obwohl du dein Gewicht okay findest. Was tust du? Vielleicht täuschst du eine Weile lang Disziplin vor, um keinen Streit zu provozieren. Doch unterm Strich isst du genauso wie vorher. Handlung gescheitert.

Wer nicht handeln kann, handelt ebenfalls nicht. Stell dir vor, du wolltest abnehmen, hast aber keine Ahnung, wie das ohne zu hungern geht. Folge: Frust und Jojo-Effekt. Also lieber weiterschlemmen! Handlung gescheitert.

Auch wer nicht handeln darf, handelt nicht. Du willst deine Ernährung umstellen, aber Partner, Kinder und Kantine halten deine Ideen für Quatsch? Wetten, dass du dann nicht lange durchhältst? Handlung wieder gescheitert.

Was aber, wenn du etwas selbst willst, weißt, wie es geht und dich deine Umgebung unterstützt? Dann ergänzen sich alle Faktoren – bis zum Erfolg!

Wer gute Motive hat, ist motiviert.

42. Motivation stärken

»Ich bin aber nicht gewohnt zu handeln!«, sagt Günter. »Und eigentlich will ich auch gar nicht …« Dann ist es jetzt eben wichtig, deine Motivation zu stärken, also deinen inneren Antrieb, etwas tun zu wollen! Dafür brauchst du ein Motiv, also einen guten Grund, warum du überhaupt handeln sollst. Auf Deutsch: Für deine Anstrengung muss eine Belohnung winken, sonst rührst du keinen Finger! Vielleicht ein Erfolg? Ein schönes Ziel? Ein Leben nach deinen Werten? Andererseits kann dich auch die Aussicht auf einen drohenden Misserfolg motivieren: Wenn du nichts tust, drohen Probleme. Das Lust-Schmerz-Prinzip! Du erinnerst dich?

Zum Beispiel wäre es recht anstrengend, ohne ausreichende Motivation den Pilotenschein zu machen. Es ginge aber ganz leicht, wenn du dich unsterblich in jemanden verliebt hättest, der nur auf Piloten steht. Günter stellt dann nämlich fest: »Als Fußgänger wirst du abgewiesen. Aber als Flieger winkt der Himmel auch auf Erden.« Wetten, dass du so ins Handeln kommst?

Um deine Motivation zu stärken, kannst du dir also immer vorstellen, welche Belohnungen winken, wenn du in Schwung kommst. Und welche Katastrophen drohen, wenn du untätig bleibst. Lauter gute Motive!

Ersetze »Erfolg« und »Misserfolg« durch »erwünschtes Ergebnis« und »nicht erwünschtes Ergebnis«!

43. Erfolgsbremse im Kopf

»Aber was ist, wenn du beim Handeln das Falsche tust?«, sorgt sich Günter. »Dann hast du einen Misserfolg. Also hättest du besser gar nichts getan!« Typisch Schweinehund: Er hat eine Bremse im Kopf! Doch bitte ersetz mal die Worte »Erfolg« und »Misserfolg« durch »erwünschtes Ergebnis« und »nicht erwünschtes Ergebnis«. Dann ist Erfolg einfach nur ein Feedback deiner Handlungen: Wenn sie zum erwünschten Ergebnis führen, ist alles prima. Beim nächsten Mal tust du wieder das Gleiche – das wird Günter mögen. Führt dein Handeln aber nicht zum Wunsch-Ergebnis, dann verändere dein Vorgehen eben so lange, bis es klappt. Handelst du dagegen überhaupt nicht, hast du keine Chancen auf Erfolg.

Es geht also darum, ein Ergebnis zu bekommen. Denn auch ein unerwünschtes Resultat ist besser als gar keines. So hast du immerhin herausgefunden, wie du es nicht machst – und kannst dich beim nächsten Mal korrigieren. Insofern ist auch ein Misserfolg eigentlich ein Erfolg. »Ich kapiere!«, freut sich Günter. »Es bringt überhaupt nichts, herumzugrübeln, ohne zu handeln. Allein dadurch, dass man handelt, steigen zwangsläufig die Erfolgsaussichten!« Richtig, Günter. Leider nur zögern viele Schweinehunde ihre Handlungen hinaus oder bleiben ganz untätig. Sie haben Angst vor negativen Konsequenzen.

Problemvermeider erleben Glück und Erfolg als Zufälle.

44. Schmerz vermeiden?

»Aber warum zögern, anstatt zu handeln, wenn am Ende doch Erfolg winkt?« Weil viele Schweinehunde lieber Schmerz vermeiden wollen, als etwas Schönes zu erleben. Sicherheit ist ihnen wichtiger als Spaß und Genuss. Persönliche Werte, weißt du noch? So gehen sie zwar manchem Problem aus dem Weg, erleben aber auch weniger Schönes. »Wollen die denn keinen Spaß haben?« Doch, Günter, natürlich! Nur trauen sie sich kaum, ein Risiko einzugehen – und haben deswegen seltener Erfolg und Spaß. »Die Ärmsten: Einerseits verzichten sie, andererseits fürchten sie sich!« Klar. Was glaubst du wohl, warum überall so viel gejammert wird – selbst wenn keine Katastrophen passieren.

Aber ganz so einfach ist es nicht: Schließlich erleben auch Problemvermeider hin und wieder Erfolge und gute Gefühle – nur eben häufig aus Zufall. Wenn sie den Zufall bemerken, denken sie: »Glück gehabt!« Dass sie Glück und Erfolg auch selbst machen können, daran glauben sie nicht. Und wenn sie den Zufall nicht bemerken, wird es fies: Dann halten sie das »Glück« nämlich für eine Folge ihres Verhaltens. Sie fühlen sich bestätigt und raten weiterhin zur Vorsicht: »Gut, dass du kein Risiko eingegangen bist!« Und dann warten sie auf den nächsten Zufall.

Nicht zu handeln ist häufig
viel riskanter als zu handeln.

45. Risiko oder Chance?

»Aber dann sind Risikoscheue ja immer auf den Zufall angewiesen!« Richtig, Günter. Leider übersehen sie dabei, dass es häufig ein weit größeres Risiko darstellt, nichts zu tun, als rechtzeitig zu handeln. Stell dir nur mal eine unglückliche Beziehung vor, die man jahrelang weiterführt, nur um eine neue Partnersuche zu vermeiden! Wer weiß schließlich, wie lange man alleine bleibt? »Aber ist es nicht schlimmer, dauernd unglücklich zu sein, als eine neue Chance zu suchen? Vielleicht findet man ja sein Glück! Und wenn nicht, ist auch nichts verloren: Unglücklich ist man schon vorher.« Ein Schweinehund mit gesundem Menschenverstand – bravo!

Das Problem liegt in der kurzsichtigen Bewertung von Risiko. Natürlich führen manche Handlungen erst mal zu Unannehmlichkeiten: Sport zum Schwitzen, Aussprachen zu Tränen und Mut zu Unsicherheit. Langfristig jedoch führt manches Nicht-Handeln zu viel größeren Unannehmlichkeiten: Faulheit zu Krankheit, Schweigen zu Depressionen und Feigheit zur Charakterschwäche. Wie riskant!

Wer tut, was er gerne tut, hat Spaß dabei – und wahrscheinlich auch Erfolg.

46. Ich will Spaß!

Einige Forscher sagen übrigens, die Vorsicht mancher Schweinehunde stamme noch aus der Steinzeit. Damals mussten die Menschen immer gut aufpassen, dass sie keine giftigen Beeren aßen oder auf hungrige Säbelzahntiger trafen. Also haben ihre inneren Schweinehunde sie immer brav gewarnt: »Sei vorsichtig!« Heute allerdings findet man Beeren im Supermarkt und Tiger im Zoo. Und trotzdem haben viele Schweinehunde ihren Beschützerinstinkt beibehalten.

Andere Schweinehunde wiederum haben sich der heutigen Zeit angepasst. Sie nehmen Sorgen nicht so ernst und fragen stattdessen: »Was macht dir eigentlich Spaß?« Sie funktionieren nach dem Lustprinzip. Sie wollen keine schlechten Gefühle verhindern, sondern möglichst schöne erleben. In ihrer Wertereihenfolge rangieren Unabhängigkeit, Zielerreichung und Neugier weit oben. Deshalb fragen sie weniger nach Risiken, sondern viel mehr: »Was willst du erreichen? Was erleben? Und wie kannst du das schaffen?« Die Meisterschaft gewinnen? Ein Buch schreiben? Deine Abteilung leiten? Oder dich selbstständig machen? Auswandern? Die Weisheit finden? Gegen den Klimawandel kämpfen? Oder Skilehrer werden? Sehr schön! Alles möglich. Warum auch nicht? Schließlich haben schon viele Menschen ihren eigenen Weg gewählt. Und meist ist der eigene Weg erfolgreich.

Abenteuer sind so unterhaltsam, dass innere Schweinehunde sie genießen.

47. Das Leben ist ein Abenteuer

»Das klingt sehr abenteuerlich!«, findet Günter. Genau, Schweinehund, das soll auch so sein. Denn das Leben ist ein Abenteuer! Aber der Reihe nach: Hast du dich schon mal gefragt, nach welchem Muster Abenteuer gestrickt sind? Zum Beispiel in Büchern, Film und Fernsehen? Dann ist dir sicher aufgefallen, dass gute Abenteuer meist ähnlich ablaufen: Heldin oder Held verlassen ihre zuvor stabilen Verhältnisse, um ein äußerst motivierendes Ziel zu erreichen – die Freiheit, den heiligen Gral oder die große Liebe. Etwas, das ihren Werten, Wünschen und Prioritäten entspricht. Dann passiert zwar ständig etwas Unvorhergesehenes und oft Gefährliches, aber die Helden lassen sich nicht von ihrem Vorhaben abbringen. Sie wissen, was sie wollen. Und tun, was sie dafür tun müssen. Risiko? Notwendig! Unterwegs wird viel geweint und gelacht, befürchtet und triumphiert. Und am Ende hat sich alle Anstrengung gelohnt: Sämtliche Wünsche werden erfüllt.

»Wow!«, freut sich Günter. »Tolle Geschichte!« Genau. Und darin liegt auch ihre eigentliche Bedeutung: Günter hat sich nämlich vor lauter spannender Unterhaltung selbst vergessen! Er hat das Abenteuer genossen, weil es ein Abenteuer war. Und die Helden haben ganz nebenbei viel gelernt und ihr Ziel erreicht. Ohne auf ihre inneren Schweinehunde zu hören. Wie wäre es also, wenn du der Held deines eigenen Abenteuers würdest? Was wäre dein Happy End?

Spannende
Unterhaltung?
Dopamin!

48. Doping im Kopf

Der Grund, warum Günter Abenteuer so gerne mag, heißt »Dopamin«. Das ist ein Nerven-Botenstoff im Gehirn. Er wird immer dann gebildet, wenn sich die Nerven gut unterhalten fühlen. »Hat das was mit Doping zu tun?«, wundert sich Günter. Fast: Durch Dopamin kannst du dich nämlich besser konzentrieren, mehr leisten und dich dabei prima fühlen! Deine Nervenzellen sorgen also dafür, dass du das, was du tust, noch besser, wacher, glücklicher tust – und Anstrengung nicht so spürst: Ein Fußballspieler schwitzt? Schnauft? Stolpert? Egal! Er konzentriert sich aufs Spiel und will siegen. Es geht ihm dabei gut – dank Dopamin! Interessante neue Aufgabe im Büro? Du hängst dich stundenlang rein, vergisst dich selbst und merkst nicht, wie die Zeit vergeht. Trotzdem schön – dank Dopamin!

»Super!«, freut sich Günter. »Eine wahre Wunderdroge!« Genau: Dopamin macht dich glücklich, wach und stark. Vorausgesetzt allerdings, du tust, was dich interessiert und dich ein bisschen fordert. Langeweile produziert nämlich kein Dopamin. Das ist der Grund, warum viele so unglücklich werden, wenn ihr Leben einfach dahinplätschert. Zwar sicher, aber traurig. Günter ist auf Dopamin-Entzug. Sobald aber etwas Spannendes passiert, kommt das Dopamin wieder: »Yippiiiieh, Dope!«

Feiern am Ziel?
Endorphine!

49. Selbst gemachte Glücksdrogen

Eine andere Glücksdroge im Kopf sind die »Endorphine«. Sie lassen dich richtig euphorisch werden. Endorphine produzieren deine Nerven immer dann, wenn es so richtig was zu feiern gibt: den ersten Kuss mit der neuen Liebe, eine bestandene Prüfung oder die Meisterschaft. Sprich: Immer dann, wenn du am Ziel angekommen bist, kannst du das nächste Glücksfeuerwerk zünden. »Moment!«, ruft Günter. »Soll das bedeuten, dass du fast immer glücklich sein kannst?« Genau: Du musst dafür nur deine Ziele verfolgen, den Weg genießen, die Erfolge feiern – und dir dann neue Ziele suchen. So wechselst du zwischen Dopamin und Endorphinen ab. Übrigens ist das der Trick vieler, die scheinbar mühelos von einem Erfolg zum nächsten tänzeln. Sie tun, was sie gut können, erledigen fordernde Aufgaben, sind meistens gut drauf – und stehen dabei ständig unter ihren eigenen Drogen. Kein Wunder: Sie erleben lauter spannende Abenteuer! Fast so wie im Kino.

»Das ist ja wunderbar!«, freut sich Günter. Und ob: Wenn du tust, was du willst, was du kannst und was dich ans Ziel bringt, fühlst du dich gut. Und wenn du zauderst, dich über- oder unterforderst und das Falsche tust, fühlst du dich schlecht.

Gefühle zeigen dir an, ob du
auf dem richtigen Weg bist.

50. Erfolgsratgeber Gefühl

Du kannst deinen Gefühlen also ruhig vertrauen! Sie zeigen dir an, ob du insgesamt auf dem richtigen Weg bist: auf dem Weg zu dir selbst – zu deinem eigenen Abenteuer. So wie Kinder: Sie können stundenlang verträumt spielen und die Welt um sich herum vergessen. Dabei lernen sie mit guten Gefühlen, was sie gerade tun. Sie lernen mühelos. Sie lernen durch Glück.

»Was aber, wenn du dich nicht auf den Weg machst?« Dann wird es doof: Denn allein der Weg ist schon ein wichtiges Ziel! Ohne ihn kommst du niemals an und bist obendrein ständig unzufrieden. Körpereigene Glücksdrogen? Fehlanzeige! Kein Wunder also, dass viele sich ihre Drogen von außen holen: saufen, fressen, Pillen schlucken ... Doch das ist dann so, als würde man einen Eimer unter ein Loch im Dach stellen. Dabei wäre es besser, das Loch zu reparieren! »Und wenn du ständig das Falsche tust?« Auch dann ist Frust vorprogrammiert: Du strampelst im Hamsterrad, ohne wirklich etwas zu bewegen. Hallo, Burn-out!

Also: Mach es doch lieber wie die Helden. Sie setzen alles auf die richtige Karte, sind glücklich beschäftigt – und bekommen am Ende den Hauptgewinn. Sie wählen ihr Schicksal selbst.

Die meisten Sorgen macht man sich umsonst. Aber Dummheiten sollte man bleiben lassen.

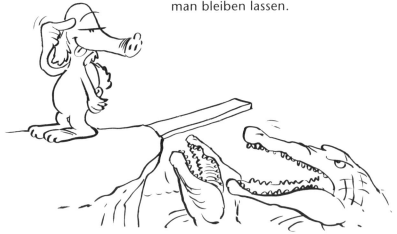

51. Sei mutig – aber nicht dumm!

»Moment!«, grunzt Günter jetzt. »Klingt ja ganz gut. Aber: Wo kämen wir da hin, wenn jeder einfach machte, was er will?« Nein, Günter: Wo kämen wir hin, wenn jeder sagte, wo kämen wir hin, und niemand ginge, um einmal zu schauen, wohin man käme, wenn man ginge!* Viele Sorgen sind nämlich komplett unnütz: Hast du dich nicht auch schon oft vergeblich gesorgt? Um Job, Beziehung, Gesundheit und Finanzen? Und dann ist das meiste besser gelaufen als befürchtet? Das heißt, du hättest dir viele Sorgen sparen können! Also im Ernst: Warum sich sorgen, nur weil man tun will, was einem Spaß macht? Dann müsste man sich ja auch sorgen, wenn man tut, was keinen Spaß macht! Und genauso umsonst.

»Stimmt …«, gibt Günter zu. »Aber manche Risiken sind wirklich zu groß!« Klar: Es wäre zum Beispiel ein zu großes Risiko, einfach in einen Tigerkäfig zu steigen. Oder mit Vollgas durch ein Wohngebiet zu fahren. Oder sich eine Heroinspritze zu setzen. Aber würdest du so etwas tun? Natürlich nicht! Übrigens: Ob ein Risiko zu groß ist, kannst du mit einer ganz einfachen Frage herausfiltern: »Was würde es kosten, falls es schiefgeht?« Einen abgebissenen Arm? Ein überfahrenes Kind? Den Drogentod durch Atemstillstand? Hier wäre der Einsatz klar zu hoch. Solche Risiken einzugehen, ist kein Mut, sondern Dummheit. Und Dummheit führt irgendwann zu Misserfolg. Nur eine Frage der Statistik!

* Gedicht von Kurt Marti

Mit Zuversicht
ist man
erfolgreicher.
Also mach dir
Zuversicht
selbst!

52. Zuversicht schaffen

»Wer keine allzu großen Dummheiten macht, darf sich also ruhig trauen zu handeln«, freut sich Günter. »Selbst wenn er nicht hundertprozentig weiß, ob es gut geht?« Endlich, Schweinehund: Du hast es begriffen – super! Denn die Wahrscheinlichkeit, Erfolg zu haben, steigt, sobald man etwas für den Erfolg tut.

Die Wahrscheinlichkeit, etwas zu tun, steigt übrigens, je zuversichtlicher man ist, Erfolg zu haben! Deshalb hängt Erfolg auch von Zuversicht ab. »Und wie entsteht Zuversicht?« Durch die Überzeugung, dass Erfolg zu schaffen ist! Wer nämlich an sich glaubt, hat bessere Chancen als jemand, der nicht an sich glaubt. Er kommt ins Handeln, denn er hat nicht ständig Günters unqualifizierten Blödsinn im Ohr: »Das schaffst du nicht!«, »Viel zu schwierig!« oder »Lass es lieber sein!«. Deswegen ist es ja so wichtig, sich mit dem inneren Schweinehund zu beschäftigen.

»Das darf doch nicht wahr sein!«, stöhnt Günter. »Erfolg hängt von Zuversicht ab und Zuversicht von Erfolg. Wie soll ich denn je erfolgreich werden, wenn ich nicht zuversichtlich bin?« Ganz einfach: Mach dir deine Zuversicht selbst! Alles eine Frage der richtigen Gedanken.

Wer sich auf die Gründe
für Erfolg konzentriert,
wird zuversichtlich.

53. Überzeugungen aufbauen

Erinnerst du dich noch, wie Überzeugungen zustande kommen? Eine einzig richtige Sichtweise gibt es nicht, sondern nur unterschiedliche Betrachtungsweisen. Wir laufen mit einer mentalen Videokamera durch die Welt. Das, worauf wir den Sucher richten, verstärken wir. Das, was wir nicht filmen, schwächen wir ab. Und irgendwann tun wir, was wir für richtig halten: im Wesentlichen das, was wir lange genug gefilmt haben. Wie wäre es also, wenn wir mit derselben Technik lernen zuversichtlich zu denken?

»Wäre einen Versuch wert!«, findet Günter. »Aber wie soll das gehen?« Nun, eigentlich müssen wir dazu nur unsere Aufmerksamkeit steuern. Wir müssen sie von Zweifeln abwenden und auf die Gründe richten, die uns Erfolg prophezeien. Wir müssen den Erfolg fokussieren – im wahrsten Sinne des Wortes.

»Aufmerksamkeit steuern?«, entrüstet sich Günter. »Viel zu anstrengend!« Oh Schweinehund: Würden manche mit der gleichen Power, mit der sie ihre Schwächen verteidigen, ihre Stärken pflegen, kämen sie sehr weit …

Verändere täglich eine Kleinigkeit!
Das bereitet Günter auf größere
Veränderungen vor.

54. Raus aus der kleinen Welt!

Machen wir es also praktisch! Der erste Schritt zu mehr Zuversicht besteht darin, kleine Veränderungen zu erleben. Und das kannst du jeden Tag üben: Bestelle im Restaurant ein dir unbekanntes Gericht. Nimm einen anderen Weg zur Arbeit. Lies eine Zeitschrift über ein Thema, in dem du dich nicht auskennst. Kurz: Verändere lauter Kleinigkeiten, die dir keine große Mühe bereiten! So verlässt du Schrittchen für Schrittchen deine kleine Welt, hast lauter neue Erkenntnisse und Günter merkt: »Es gibt noch viel mehr da draußen!« Doch jetzt hat er auch die Zuversicht, dass man Neues erleben darf, wenn man Neues tut. Wie spannend!

Der nächste Schritt besteht darin, den Sucher wieder auf Größeres zu richten. Also wieder in die Vogelperspektive: Denke groß! Und denke quer! Verlasse deine eingeschliffenen Denkrillen! Was willst du denn wirklich verändern? Was wirklich erleben? Was wirklich schaffen? Nur keine Hemmungen: Alles auf der Welt ist schließlich zuerst in Gedanken entstanden! Und: Wenn du Kleinigkeiten verändern kannst, kannst du sicher auch Größeres verändern!

»Uiiiih!«, Günter wird ganz aufgeregt. »Ob das wirklich möglich ist?« Was glaubst du, wie zuversichtlich du erst wirst, wenn du ein klares Ziel vor Augen hast, den Weg dahin kennst und dir vorstellst, wie schön es dort sein wird!

Die richtigen Fragen
führen zum Ziel.

55. Mit Fragen zum Ziel

Also: Deine Werte, Motive, Wünsche und Prioritäten sind dir klar. Der Kompass zeigt die Richtung an. Nun wird es Zeit, ein paar konkrete Ziele zu finden. Denn Ziele wirken wie ein Navigationsgerät im Kopf: Wer weiß, wo er hin will, sucht nach dem Weg. Wer seine Ziele aber nicht kennt, braucht sich nicht zu wundern, wenn er nirgendwo ankommt.

»Und wie findest du Ziele?« Mit den richtigen Fragen! Bislang war Günter ja ein ziemlicher Angsthase. Ständig hat er gefragt: »Was, wenn es schiefgeht?«, »Was, wenn es anstrengend wird?« oder »Was, wenn es wehtut?« So hast du Antworten gesammelt und Gedanken gefunden, die dir Kraft rauben. Du hast mit dir selbst gekämpft – ja, fast einen inneren Bürgerkrieg geführt.

Doch was passiert, wenn du Günters Blick einfach in eine andere Richtung drehst? Frag dich ganz ehrlich: »Was würde ich tun, wenn es mir leichtfiele?«, »Was würde ich tun, wenn ich keine Angst hätte?«, »Was würde ich tun, wenn ich wüsste, dass ich auf jeden Fall Erfolg hätte?«, »Was könnte Schlimmes passieren, wenn alles beim Alten bliebe?«, »Was hat mich meine bisherige Bequemlichkeit bereits gekostet?«, »Was wird es mich noch kosten, wenn ich nicht endlich in Schwung komme?«, »Was könnte ich erreichen, wenn ich täte, was ich für richtig halte?«, »Was könnte ich dabei Spannendes erleben?«.

Gute Ziele? Spezifisch, messbar, authentisch, realistisch, terminiert, ökonomisch, groß und ethisch!

56. Zielkriterien

Du merkst schon: Günter denkt schnell in eine andere Richtung. Du zweifelst bisherige Überzeugungen gezielt an. Und damit verändert sich auch Günters Gefühl: Wo vorher Nervosität und Angst waren, entstehen nun Vorfreude und Mut. Bald wird es heißen: »Das wird spannend!«, »Los, fang endlich an!« und »Das schaffst du schon!«. Du versorgst dich durch ein paar Gedanken mit neuer Energie.

Dennoch ist es wichtig, dass du dir wirklich gute Ziele aussuchst. Sonst gerät Günter nämlich schnell wieder ins alte Fahrwasser. »Und was sind gute Ziele?« Nun, sie müssen ein paar Kriterien erfüllen: Gute Ziele sind spezifisch, messbar, authentisch, realistisch, terminiert, ökonomisch, groß und ethisch!

Ein gutes Ziel ist spezifisch. Was nutzt es dir etwa, »mehr Sport« machen zu wollen? Günter will genau wissen, welchen Sport: Joggen? Tischtennis? Gymnastik?

Ein gutes Ziel ist messbar. Warum solltest du »mehr Geld« verdienen? Günter will wissen: Wie viel Geld? Wie viel genau? Schwammigkeit verwirrt ihn.

Wenn die Zielkriterien stimmen, kannst du dein Ziel erreichen. Wenn nicht, wird es schwer.

57. Zielkriterien – Teil 2

Ein gutes Ziel ist authentisch. Du willst gute Arbeit machen, hasst aber deinen Job? Warum nicht etwas arbeiten, was besser zu dir passt?

Ein gutes Ziel ist realistisch. Du willst in zwei Wochen ein Buch schreiben? Günter ist doch nicht blöde: »Warum dich dafür anstrengen? Schaffst du sowieso nicht!«

Ein gutes Ziel ist terminiert. Du willst dir »bald« eine neue Wohnung suchen? Wann genau ist denn »bald«? Wann fängst du an? Wann bist du fertig?

Ein gutes Ziel ist ökonomisch. Du willst für eine Woche »All-inclusive« auf Mallorca extra Spanisch lernen? Die Zeit kannst du sicher besser nutzen!

Ein gutes Ziel ist groß. Du willst »ein bisschen« gesünder leben? Schwierig, sobald wieder Faulheit, Fett und Fluppen winken …

Ein gutes Ziel ist ethisch – es entspricht deinen Werten. Du willst ein guter Verkäufer sein, hältst dein Produkt aber für grottenschlecht? Hallo, Wertekonflikt!

Konzentriere dich beim Handeln auf deinen eigenen Einflussbereich!

58. Wo ist dein Einflussbereich?

»Oh, oh!«, staunt Günter. »Dann kann es ja nur noch besser werden!« Und ob! Wer den Sinn seiner Handlungen erkennt, rafft sich leichter auf. Also nimm dir deine wichtigen Lebensbereiche vor und formuliere zu jedem konkrete Ziele: Was willst du für Familie, Umfeld, Job, Geld, Gesundheit und persönliche Werte erreichen? Und weil es so schön ist: Such dir gleich noch ein spannendes Abenteuerziel heraus! Was wolltest du schon immer mal machen, hast dich aber nie getraut? Fallschirmspringen? Tauchen lernen? Eine Reise zum Amazonas? Nur los! Günter liebt Abenteuer. Vielleicht findest du ja für jedes Jahr ein neues?

»Was aber, wenn du deine Ziele gar nicht erreichen kannst? Zum Beispiel weil du nicht weißt, wie es geht? Oder weil dein Chef nicht will? Oder weil du einfach zur falschen Zeit am falschen Ort bist?« Dann konzentriere dich auf das, was du beeinflussen kannst! Handeln hängt von drei Faktoren ab: vom Wollen, Können und Dürfen. Weißt du noch? Und wenn du weder kannst noch darfst, dann schau eben, wo du Informationen herbekommst und welche Möglichkeiten du in deinem persönlichen Einflussbereich hast! Irgendetwas kannst du bestimmt tun. Franz von Assisi hat mal gesagt: »Tu erst das Notwendige, dann das Mögliche, und plötzlich schaffst du das Unmögliche.« Er hatte einen wirklich schlauen Schweinehund.

Wenn du weißt, wo du hin willst,
findest du den Weg, der dich ans
Ziel bringt. Also: Such ihn!

59. Wege suchen

»Okay, okay, ich konzentriere mich also auf das, was ich beeinflussen kann!« Genau. Und am besten suchst du dir für dein Vorhaben noch ein bisschen Hilfe! Wer hatte schon mal die gleiche Idee und hat sie erfolgreich umgesetzt? Wer hatte bereits mit ähnlichen Widrigkeiten zu kämpfen? Sicher können dich ein paar Ratschläge aus der Praxis weiterbringen: Wie trainiert man für einen Marathon? Wie führt man ein Unternehmen? Wie spricht man eine schöne Frau an? Fast alle Probleme wurden bereits einmal gelöst. Also keine Sorge: Du musst das Rad nicht neu erfinden! Denn: Wie backt man eine gute Torte? Mit dem richtigen Rezept!

Aber Vorsicht: Frag keine reinen Gelehrten, sondern lieber Erfahrene! Wichtig ist, dass dein Ratgeber sein Wissen auch selbst erfolgreich umsetzt. Eine Diätberatung von einem dicken Ernährungsexperten wäre schließlich so, als wolltest du bei einem Raucher einen Nichtraucherkurs besuchen … Optimal wäre, dich nur von den Besten beraten zu lassen. Die wissen sicher, wie sie dir helfen können.

Und: Super, dass du deine Ziele nun kennst! Denn Ziele zu haben, erweitert die Wahrnehmung für Chancen: Im Buchladen steht jetzt »rein zufällig« der passende Ratgeber? Die Chefsekretärin ist »zufällig« auch deiner Meinung? Du entdeckst »zufällig« einen Weg an den richtigen Ort zur richtigen Zeit? Solche »Zufälle« gibt es …

Am besten kommst
du mit der richtigen
Strategie zum Ziel.

60. Strategien finden

»Schön!«, freut sich Günter. »Dann legen wir doch los!« Moment: Ein bisschen nachdenken solltest du schon noch, bevor du handelst. Meist sind Erfolge nämlich das Resultat einer guten Strategie. »Strategie? Was ist denn das?« Nun: Du kennst dein Ziel, und du kennst den ungefähren Weg dorthin. Die Strategie ist der Plan, nach dem du dein Vorhaben in die Tat umsetzt. Denn alle guten Ratschläge werden nicht auf deine Situation passen. Was nutzt dir etwa der beste Management-Tipp für ein DAX-Unternehmen, wenn du mit den Problemen eines Mittelständlers zu kämpfen hast? Du musst die Tipps schon deinen Umständen anpassen!

Also: Welchen persönlichen Nutzen bringt dir dein neues Wissen? Über welche Strecke führt dich dein eigener Weg? Was tust du, wenn du unterwegs stolperst? Woran merkst du, dass du dich nicht verlaufen hast? Und wann willst du welchen Punkt erreicht haben? Das alles ist Strategie! »Verstehe …«, schluchzt Günter. »Also können wir uns doch nicht auf andere verlassen – wir sind ganz alleine!« Aber nein, armer Schweinehund: Äußerst praktisch ist es nämlich, wenn du bei deiner Strategie auch andere Menschen berücksichtigst …

Ziele erreicht
man am besten,
indem man sich
gegenseitig hilft.
Denn: Wer der
Welt hilft, hilft
sich selbst.

61. Synergien schaffen

»Ich will keine Rücksicht nehmen!«, empört sich Günter. »Ich will endlich tun und lassen, was ich will!« Schön, Schweinehund. Nur bist du nicht der Einzige auf der Welt, der seine Ziele kennt und verfolgt: Jeder ist irgendwohin unterwegs! Und die meisten in unterschiedliche Richtungen. Aber wem würdest du wohl dabei helfen, sein Ziel zu erreichen? »Jedem, der auch mich zum Ziel bringt!« So ist es!

Günter hat das Prinzip der Synergie entdeckt: Wenn man tut, was anderen nutzt, und andere tun, was einem selbst nutzt, ist man gemeinsam besser dran, als jeder alleine – man hilft sich gegenseitig! Besonders wenn man einander in den Stärken ergänzt: wie Mann und Frau, Abwehr und Sturm, Produktion und Verkauf, Häuptling und Indianer. Erfolg alleine? Blödsinn! Er ist das Ergebnis der Wechselwirkung mit der Umgebung. Wer das nicht berücksichtigt, mag zwar tun, was er will, aber er sieht sich nur selbst – und hat es unnötig schwer. Arme Egozentriker.

Also: Einzelkämpfer? Nein, danke! Such dir Partner, Teams und Freunde – am besten solche, deren Werte und Ziele gut zu deinen passen und die dich in deinen Fähigkeiten ergänzen. So kriegt jeder, was er will – und sogar leichter als alleine. Ein unschlagbares Team! Und gemeinsam macht Erfolg auch viel mehr Spaß …

Stell dir den Weg zum Ziel als Slalom vor! Und plane deine Strecke!

62. Im Slalom zum Ziel

Also zurück zur Strategie: Du weißt, wo du hin willst. Du weißt, warum. Du kennst den ungefähren Weg. Und du bist nicht alleine. Konzentrieren wir uns nun auf die Durchführung selbst. Günter fragt ja gerne: »Warum wird es schwierig?« Und: »Wo wirst du stolpern?« Doch das wäre so, als zielte man mit einem Hammer neben den Nagel! Frag dich also besser: »Wie genau komme ich zum Ziel? Wie schaffe ich das?« Stell dir deinen Weg am besten als eine Slalomstrecke vor. Alles, was du tun musst, ist nur, jede einzelne Stange anzufahren, sie zu umrunden und dann die nächste Stange anzusteuern. Irgendwann bist du am Ziel – und hast dabei immer nur getan, was direkt vor dir lag. Zu schwierig? Natürlich nicht!

Die eigentliche Herausforderung liegt jedoch darin, die richtige Strecke abzustecken und dich gut auf die Fahrt vorzubereiten. Die Strecke soll schließlich nicht in die falsche Richtung führen oder dich überfordern. Erfolg kommt nicht über Nacht – auch wenn es oft so aussieht. Meist hat er eine lange Vorgeschichte: planen, üben, testen, neu planen, umsetzen, durchhalten, durchhalten, durchhalten, Kurs korrigieren – und so weiter. Oft eine jahrelange Vorgeschichte … Doch gute Planung halbiert die Durchführung. Also los: Fang an zu planen!

Nur 20 Prozent an Aufwand können zu 80 Prozent vom Ergebnis führen! Frage dich: Welche 20 Prozent?

63. Die Strecke abstecken

»Oh je!«, jammert Günter. »So genau will ich gar nicht planen – ich bin lieber fürs Praktische!« Keine Sorge, Schweinehund: Hundertprozentig perfekt sollst du dich gar nicht vorbereiten. Schließlich musst du unterwegs flexibel bleiben. Aber genau darum geht es: Konzentriere dich auf die wichtigen Dinge! Auf die, die dich wirklich weiterbringen – und verzettele dich nicht in Kleinkram.

Oft bewirkt man nämlich mit 20 Prozent Aufwand 80 Prozent vom Ergebnis: So können etwa 20 Prozent der Kunden 80 Prozent vom Umsatz bringen. 20 Prozent deiner Ideen können zu 80 Prozent deiner Projekte führen. Und 20 Prozent deiner Handlungen zu 80 Prozent vom Erfolg! Die Frage ist also: Welche 20 Prozent sind das? Wo sollen die Slalomstangen stehen? Wie steckst du sie so in den Boden, dass du sie gut erreichen und schon für die nächste Stange Schwung holen kannst? Oder anders herum: Wo die Slalomstangen zu eng stehen, wird das Rennen zu anstrengend und langsam!

Na? Welche Slalomstangen führen dich ans Ziel?

Plane dein
Projekt und
trainiere
optimistisch
für die
Durchführung!

64. Auf ins Trainingslager!

Betrachte den Weg zum Ziel einfach als ein Projekt. Es hat einen Anfang und ein Ende – und meist einen umfangreichen Mittelteil. Je besser du dich vorher in dein Thema einarbeitest, desto eher findest du dafür die wichtigen Slalomstangen. Dann skizzierst du grob den Weg und schätzt die Zeit, die du dafür brauchst. Du willst zum Beispiel Medizin studieren? Dann brauchst du Abitur, Studienplatz, Kurse und Scheine und musst ein paar Staatsexamina bestehen – und schwupps: Schon bist du da! Slalom eben. Dauer? Minimum sechs Jahre. Ein großes Projekt … Du kannst dein Vorhaben auch schriftlich fixieren – das zwingt zum klaren Denken. Skizziere einen Ablaufplan: Was machst du wann? In welcher Reihenfolge? Welche Schritte sind für die jeweils nächsten notwendig? Wobei hast du viel Zeit? Und wobei wenig? Wann wirst du den Weg neu kontrollieren müssen?

Und dann bereite dich auf deinen Slalom vor: Je mehr du vorher übst, desto besser und automatischer bewegst du dich unterwegs – und kannst dich so optimal auf jede Stange konzentrieren. Also los jetzt, auf ins Trainingslager – am besten mit dem ganzen Team: Tut, was ihr tun könnt! Übt! Arbeitet! Analysiert den Markt! Lest Bücher! Lernt wichtige Menschen kennen! Kurz: Macht eure Hausaufgaben! Und: Redet dabei nicht über mögliche Niederlagen, sondern träumt immer von euren baldigen Triumphen! Das steigert Stimmung und Erfolgsaussichten!

Mach dir die wichtigsten Risiken
klar – und schalte sie aus!

65. Risiken ausschalten

Jetzt, nachdem du so schön geplant hast, kann Günter auch mit seinen Sorgen kommen: »Wo könnte es schwierig werden? Wo könntest du scheitern? Was könnte schlimmstenfalls passieren? Was machst du dann? Und wie wäre das schon vorher zu vermeiden?« Kurz: Es ist nun Zeit für einen Risiko-Check. Denn auch offensichtliche Risiken kannst du mit guter Planung minimieren: Einsturzgefahr? Helm aufsetzen! Pleiterisiko? Reserve ansparen! Navi-Ausfall? Karte mitnehmen! So bist du gut abgesichert – und kannst dich wieder auf deinen Weg konzentrieren.

»Oh, oh …«, sorgt sich Günter. »Ob du dich wirklich trauen sollst?« Klar, Schweinehund! Wichtig ist jetzt: Steck deine Energie nicht mehr in Zweifel, sondern stärke damit deine Entschlusskraft! Denn die Kraft zu handeln steckt in dir, du musst sie nur anschalten – und dann für die Umsetzung nutzen! Hast du dich nicht schon oft Dinge getraut, die dir im Nachhinein sehr mutig vorkamen? Autoritäten widersprochen? Streit riskiert? Oder wichtige Entscheidungen gefällt? »Klar!«, sagt Günter. »Aber jedes Mal, wenn du etwas riskiert hast, ging es nicht anders: Du musstest einfach handeln!« Genau: Denn mit dem Rücken zur Wand handelt jeder. Also tu doch mal so, als stündest du mit dem Rücken zur Wand!

Noch zögerlich?
Dann schaff dir eine
»Muss-Situation«!

66. Eine »Muss-Situation« schaffen

Hast du schon mal auf den letzten Drücker für eine Prüfung gelernt? Mit Heißhunger ein trockenes Brot verschlungen? Überteuerte Preise bezahlt? Klar! Warum? Weil du keine Zeit mehr hattest, kein anderes Essen verfügbar war oder du ein riesiges Bedürfnis stillen musstest. Kurz: Dir blieb keine andere Wahl – Günter hin oder her. Du musstest handeln. Und zwar gleich. Du stecktest in einer »Muss-Situation«.

»Eine Muss-Situation?«, wundert sich Günter. Genau: Die Frage, ob du handeln sollst, erübrigt sich nämlich, sobald dir keine andere Wahl bleibt: Mit dem Rücken zur Wand, gibt es nur noch den Weg nach vorne – koste es, was es wolle! Und weil der Einsatz nun besonders hoch erscheint, strengt sich Günter auch besonders an. Er handelt klar und entschlossen. Kurz: mit Entschlusskraft.

Also mach dir doch deine »Muss-Situation« selbst: Mach es wichtig! Und mach es dringend! Tu so, als hinge dein Leben davon ab, dass du genau jetzt handelst! Stell dir vor, die jetzige Chance wäre die einzige, die du für den Rest deiner Tage je bekommen wirst! Kapp alte Sicherheitsleinen! Bring dich in eine Situation, in der es kein Zurück mehr gibt! Wetten, dass Günter dir nun den Rat zum Handeln gibt?

Stell dir jeden Schritt
auf dem Weg zum
Ziel vor! Und träume
davon, bereits am Ziel
zu sein!

67. Den Weg visualisieren

»Puh!«, schnauft Günter. »Ganz schön heftig, so eine »Muss-Situation«!« Klar: Aber innere Schweinehunde ticken eben nach dem Lust-Schmerz-Prinzip. Also greif ruhig mal zu den Daumenschrauben! Auch Unangenehmes hat Vorteile …

Etwas angenehmer kannst du deine Entschlusskraft stärken, wenn du nach vorne blickst: Wie wird der Erfolg für dich sein? Welche Belohnungen winken? Verwende dabei die Technik der Visualisierung: Stell dir möglichst bildhaft vor, was dich Schönes erwartet. Tu so, als wärest du schon am Ziel. Nimm dir immer wieder Zeit, um Günter mit möglichst detaillierten Tagträumen zu locken: Wie wird es sich anfühlen? Was wirst du denken? Was sagen? Wie wirst du aussehen? Wie reagieren die anderen? So bekommt Günter schon vorher das Gefühl, dass du dein Ziel erreichen kannst – schließlich »sieht« er dich bereits dort. Und alles, was machbar ist, will Günter auch erleben.

Auch gute Profisportler stellen sich übrigens den Weg zum Ziel genau vor: So gehen Weltcup-Slalomfahrer vor dem Rennen in Gedanken jede Stange durch – immer wieder, bis sie die Strecke auswendig kennen. Und im echten Rennen haben sie dann bereits viel Routine. Also mach es genauso: Stell dir jeden Schritt auf deinem Weg vor! Immer wieder.

Worte rufen Gefühle hervor.
Sie heben deinen Mut – oder
nehmen ihn dir.

68. Vorsicht, Worte!

Vorsicht, jetzt greift Günter zu seinen letzen Tricks, um dich am Handeln zu hindern: Er nimmt dir mit seinen Formulierungen den Mut! Und zwar sehr subtil: Die Aufgabe erscheint dir nun »unerträglich stressig«, »schrecklich langweilig« oder »viel zu schwierig«? Tja: Manche Worte drücken die Stimmung! Und mit gedrückter Stimmung wirst du nichts »Anstrengendes« tun, oder?

Ein Test: Wie geht es dir, wenn du ein paar Mal hintereinander folgende Worte liest? »Schmerzen, Langeweile, Nieselregen, weinen, grau, Strafzettel, Arbeitslosigkeit, Depressionen, Schwierigkeit, Krebs, Gestank«? Klar: Jedes Wort öffnet im Kopf eine Schublade mit einem traurigen Bild darin – und mit einem schlechten Gefühl. Was aber passiert bei folgenden Worten? »Glück, Urlaub, bunt, Musik, lachen, Schwung, Sonnenschein, sexy, Party, Gewinn«? Du »siehst« schöne Bilder – und hast schöne Gefühle!

Also achte darauf, welche Worte du in deinem inneren Selbstgespräch verwendest: Mach aus »stressig« lieber »spannend«, aus »schrecklich langweilig« »gleichmäßig fordernd« und aus »schwierig« lieber »anspruchsvoll«!

Nutz dein inneres
Selbstgespräch, um dir
Mut zu machen!

69. Das innere Selbstgespräch nutzen

Weiter: Mach »Probleme« zur »Herausforderung«, »Nervosität« zu »Energie«, »Angst« zu »Sensibilität«, »Krankheit« zu »Unpässlichkeit« und »Wut« zur »Irritation«. Du kannst selbst positive Worte weiter verbessern: Fühlst du dich »gut« oder »genial«? Ist etwas »okay« oder »großartig«? Bist du »interessiert« oder »fasziniert«, »gescheit« oder »brillant«? Du siehst: kleine Nuance, große Wirkung.

Auch Metaphern kannst du zur Motivation nutzen: Soll dein Leben »ein Kampf« sein oder »ein Tanz«? Wirst du »brutal gefoult« oder erlebst du »sportliche Härte«? Willst du dich »mühsam hocharbeiten« oder lieber »die Erfolgsleiter erklimmen«? Ach ja: Auch der »innere Schweinehund« ist nur eine Metapher …

Einer von Günters ganz miesen Tricks ist es übrigens, dich zu beleidigen. Dann sagt er etwa »Lass es sein, Schwachkopf!«, »Du Idiotin schaffst das nie!« oder »Das bist du nicht wert!«. Doch mit Freunden redet man anders: »Probier's doch mal aus!«, »Es klappt bestimmt!« oder »Das hast du dir verdient!«. Also: Werde dein eigener Freund! Mach dir Mut! Sei freundlich zu dir selbst! Das hast du schließlich wirklich verdient.

Bau mit deinem Körper
Selbstbewusstsein auf:
Aufrechte Haltung! Laute
Sprache! Lächeln!

70. Selbstbewusstsein aufbauen

Auch dein Äußeres und dein Auftreten sind wichtig. Denn wer Selbstbewusstsein und Kompetenz ausstrahlt, dem traut man auch was zu. Aber sind Auftreten und Äußeres wirklich nur ein Spiegel des Inneren? Nicht ganz: Denn dein Äußeres kann auch das Innenleben beeinflussen!

Was ist zuerst da: das Lachen oder die Freude? »Ist doch klar!«, meint Günter. »Die Freude. Denn du lachst, weil du dich freust.« Nicht nur: Du kannst dich nämlich auch freuen, weil du lachst! Im Gehirn ist alles miteinander verdrahtet – auch Stimmung und Körperbewegungen. Also kannst du durch deinen Körper deine Stimmungen steuern! So etwas nennt man Biofeedback. Du willst dich stark fühlen? Selbstbewusst? Gut drauf? Dann tu einfach so, als ob: Stell dich aufrecht hin! Brust raus! Lächle! Und sprich laut und deutlich, sodass deine Stimme tief aus dem Bauch kommt! Augenblicklich passt sich nun dein Gefühl an. Und deine Umwelt auch: »Der hat was drauf, dieser Günter!«

Du kannst deinen Körper also nutzen, um dich besser zu fühlen! Die Physiologie bestimmt die Psychologie. Ist das nicht genial? Du bist gut! Du weißt Bescheid! Du verdienst deinen Erfolg! Und das ist sehr wichtig. Denn: Entweder handelst du selbstbewusst – oder gar nicht! Mittelmaß gibt es schließlich genug …

Triff eine klare,
unverrückbare
Entscheidung!

71. Entscheidungen treffen

Nun ist es so weit: Wille, Ziel, Weg, Mut – alles da! Fehlen nur noch die bislang wichtigsten Schritte zum Erfolg: die Entscheidung zum Handeln und das Handeln selbst, also die Umsetzung deiner Entscheidung in die Praxis. Schließlich sollst du nicht nur wissen, was zu tun ist, sondern auch tun, was du weißt.

Erster Schritt also: eine Entscheidung treffen! Denn die Entscheidung ist es, die zum Handeln führt. Sie leitet den Unterschied zwischen Theorie und Praxis ein und sorgt auch dafür, dass du am Ball bleibst, wenn unterwegs mal Schwierigkeiten auftauchen. Also: Wirst du handeln? Oder nicht? Triff eine Entscheidung! Triff sie schnell! Triff sie klar! Und triff sie so, dass sie auch morgen noch gilt! Denn sobald dein neues Projekt erst mal gestartet ist, wird es zunächst etwas unruhig …

»Warum so pathetisch?«, wundert sich Günter. Weil es wichtig ist! Es geht schließlich darum, dass du Verantwortung übernimmst. Du hältst das Steuer deines Lebens jetzt selbst in der Hand! Und du kannst dich jetzt entscheiden loszufahren. In deine Richtung. Genau jetzt. Du merkst schon: Es ist der Zeitpunkt gekommen, wo sich Helden von Papiertigern scheiden. Nichts macht das so klar wie eine Entscheidung. Sie ist unverzichtbar. Sie ist magisch. Sie ist heilig. – Na? Wirst du?

Handle entschlossen,
klar und ausdauernd –
bis zum Erfolg!

72. Handeln, handeln, handeln

Du hast dich also entschieden? Herzlichen Glückwunsch! Dann zum zweiten Schritt: der Umsetzung deiner Entscheidung – durch deine Handlungen. Denn sie sind dein Hebel in die Realität. Sie bestimmen deine Umsetzungsstärke – und die persönliche Umsetzungsstärke macht Menschen erfolgreich. Viel mehr übrigens als Geld, Intelligenz, Abstammung und Ausbildung zusammen! Denn du kannst noch so günstige Voraussetzungen haben – ohne Umsetzungsstärke sind sie nichts wert.

Also: Setz die Kräfte frei, die in dir stecken! Leg den Schalter um! Und dann leg los, mit Power und Ausdauer! Tu alles, was in deiner Macht steht, um deine Ergebnisse zu erzielen! Handle konsequent! Handle entschlossen! Handle klar! Und handle ausdauernd! Handle bis zum Erfolg! Handle so, als hinge dein Leben davon ab! Denn das tut es schließlich!

»Puh!«, schnauft Günter. »Jetzt machst du es aber ganz schön wichtig!« Logisch, Schweinehund. Wir müssen zu Beginn des Slaloms schließlich Schwung holen.

Konzentriere dich immer auf
den nächsten Schritt vor dir!

73. Erfolgsslalom

Meist ist es ja der erste Schritt, der einem am schwersten fällt. Doch kaum hat man mal angefangen, flutscht es bald wie von selbst! Deshalb bringt es auch nichts, ewig auf die richtige Motivation zu warten. Ist man nämlich einmal in Schwung, kommt die Motivation bald nach.

Dein Erfolgsslalom hat also begonnen. Nun geht es darum, jede einzelne Stange zu umrunden. Am besten vergisst du dabei erst mal das große Rennen und konzentrierst dich nur auf den jeweils nächsten Schritt direkt vor dir! Was ist dafür zu tun? Was genau? Wie genau? Und dann tu es! Denn: Wer heute tut, was getan werden muss, braucht sich um morgen keine Sorgen zu machen. Und in kleinen Einzelabschnitten wird so fast jedes Vorhaben machbar – egal, wie groß es ist.

»Also einfach erledigen, was gerade anfällt? Das ist ja leicht!«, freut sich Günter. Nur leider zu früh: Er sollte noch darüber nachdenken, in welcher Reihenfolge er handelt. Denn manche Aufgaben erledigt man besser vor den anderen …

Erst die wichtigen Aufgaben
erledigen, dann die dringenden!

74. Wichtig oder dringend?

Stell dir mal vor, du sollst je einen Haufen Pflastersteine, Kiesel und Sand in eine Vase füllen. In welcher Reihenfolge tust du das? So, dass möglichst alles rein passt? »Ist doch klar!«, sagt Günter. »Erst kommt der Sand, dann die Kiesel und am Schluss die Steine.« Nein, Schweinehund: So bleiben ein paar Pflastersteine übrig! Weil in der Vase kein Platz mehr für sie ist … Besser also: zuerst die Pflastersteine, dann die Kiesel und am Ende den Sand! Denn so rutschen die kleineren Teile in die Ritzen zwischen den jeweils größeren – und aller Raum ist optimal genutzt. Genau so nutzt du auch deine Zeit am besten: Kümmere dich zuerst um die großen, wichtigen Dinge. Für die kleinen findest du schon noch ein Plätzchen.

Der frühere amerikanische Präsident Dwight David Eisenhower (1890–1969) war ein Meister des Zeitmanagements. Er schätzte seine Aufgaben jeden Tag zunächst einmal als wichtig oder nicht wichtig, dringend oder nicht dringend ein. Und dann unterteilte er sie in vier Kategorien: in A-, B-, C- und D-Aufgaben. A-Aufgaben waren wichtig und dringend. Eisenhower erledigte sie sofort und selbst. B-Aufgaben waren auch wichtig aber nicht dringend – er erledigte sie gleich nach den A-Aufgaben. C-Aufgaben waren zwar dringend aber nicht wichtig. Sie hat Eisenhower delegiert. Und D-Aufgaben waren weder wichtig noch dringend. Er erledigte sie überhaupt nicht. – Reine Dringlichkeit war Eisenhower also egal. Er schaute lieber auf die Wichtigkeit.

Lass dich nicht ablenken, bleib auf deinem eigenen Kurs!

75. Auf Kurs bleiben

Günter neigt leider dazu, immer zuerst Dringendes zu erledigen: Telefonate, E-Mails, Kleinkram – und am Ende des Tages hast du zwar viel getan, aber nur wenig erreicht. Kein Wunder: Du hast dich in A- und C-Aufgaben verzettelt. Dabei sind es die B-Aufgaben, die dein Leben letztlich erfolgreich machen: Planung, Vorbereitung, gute Durchführung – alles nicht dringend, aber wichtig. Und wenn das Wichtige getan ist, passiert dir nicht so viel Dringendes: unangenehme Überraschungen, Missverständnisse, Schadensbegrenzung und so weiter.

»Wieso denn?«, raunzt Günter. Aufgepasst: Mal angenommen, während du Nudeln kochst (wichtig, nicht dringend: B-Aufgabe), klingelt plötzlich dein Telefon (dringend, nicht wichtig: C-Aufgabe) und wie ferngesteuert greifst du zum Hörer. Du beginnst zu telefonieren und vergisst dabei die Nudeln – bis sie überkochen (jetzt wichtig und dringend: A-Aufgabe) … Und dann denkst du: »Ach, hätte ich mich nur um die Nudeln gekümmert, anstatt ans Telefon zu gehen!«

Genauso ist es bei deinem Erfolgsprojekt: Oft stecken Stangen auf der Strecke, die dich unnötig aufhalten. Doch du musst nicht jede Stange nehmen, nur weil sie da ist! Wer weiß, wer sie dir in die Bahn gesteckt hat? Wichtig ist dann, sie zu ignorieren und auf deinem Kurs zu bleiben. Verfolge deine eigenen Slalomstangen! Also: Setze keine Prioritäten für deine Termine, sondern Termine für deine Prioritäten.

Erledige die wichtigen Dinge
so perfekt wie möglich!

76. Jeder Schritt ist wichtig

Konzentriere dich auf dein Ziel. Und such dir insgesamt nur wenige Ziele heraus – schließlich dürfte es in all deinen Lebensbereichen genügend wichtige B-Aufgaben geben: Familie, Sport, Strategiefindung, Fortbildung, Erholung, Hobbys und so weiter. So holst du mit den jeweils richtigen 20 Prozent Aufwand lauter 80-Prozent-Erfolge heraus! Zeitdiebe? Können dir gestohlen bleiben.

»Dann werden wir in Zukunft also nur noch Dinge tun, die uns wichtig sind?«, resümiert Günter. Guter Gedanke! Aber bitte denk auch daran, dir bei dem, was du tust, immer möglichst viel Mühe zu geben: Entwickle dabei eine gewisse Liebe zum Detail – und hüte dich vor nachlässiger Routine! Bei den richtigen Dingen darfst du nämlich ruhig zum Perfektionisten werden. Oft entscheidet schließlich nur eine Kleinigkeit über Erfolg oder Misserfolg: ein bisschen mehr Training, eine etwas schickere Homepage oder ein besonders liebevoller Tonfall – und schon gewinnst du das Spiel, einen neuen Kunden oder das Vertrauen deines Kindes. Also: Tu immer ein wenig mehr als erwartet! Sei besser als deine Mitbewerber! Jeder Schritt unterwegs ist wichtig.

Wer sich im richtigen Maß fordert, erlebt Glück in seinen Tätigkeiten.

77. Stress oder Flow?

»Immer achtsam sein?«, wundert sich Günter. »Klingt mühsam …« Ganz im Gegenteil: Die richtige Dosis Achtsamkeit ist sogar notwendig, damit du dich gut fühlst! Dopamin, weißt du noch? Immer dann, wenn du zu deinem Ziel unterwegs bist, wenn du dich in einer Aufgabe ganz vergisst, wenn du ganz im Hier und Jetzt lebst, machen deine Nervenzellen Glücks-Doping. Kinder würden sich auch nie darüber beschweren, dass Spielen zu mühsam ist – sie gehen im Spiel auf. Sie leben ganz im Moment. Sie fühlen sich spannend unterhalten. Kennst du das Gefühl noch, ganz in deinen Tätigkeiten aufzugehen? Weil sie dir alle wichtig sind? Weil du nicht anders kannst, als achtsam zu sein? Zeit, dich an deine Kindheit zu erinnern! Dieses schöne Gefühl nennen Psychologen positiven Stress oder auch »Flow«: Dein Leben ist im Fluss. Du bist wach, locker, in Bewegung – alles ohne Mühe.

Wird es hingegen zu anstrengend? Entfernst du dich von deinem eigentlichen Ziel? Oder arbeitest du, ohne etwas zu bewirken? Dann erlebst du negativen Stress! Du fühlst dich wie ein Hamster im Laufrad. Hebel? Null! Folge: Frust und Burn-out. Ein häufiger Grund, warum so viele Schweinehunde über Arbeit schimpfen und oft krank werden. Doch auch wenn die Anstrengung zu gering ist, gibt es Frust: Spannung? Null! Bewegung? Null! Dopamin? Auch null! Also: Ein bisschen Stress muss schon sein! Nur eben der richtige – und in der richtigen Dosis.

Das Ziel kann man nur erreichen.
Den Weg muss man erleben.
Und: Probleme sind Möglichkeiten
zum Training!

78. Probleme willkommen!

All das bedeutet: Ein gewisses Maß an Aufwand ist notwendig, damit du gut gelaunt und achtsam vorankommst. Je bewusster, desto besser: So erweiterst du täglich deine kleine Welt. Offen, neugierig, staunend. Alles ein einziges Abenteuer!

Selbst Probleme erscheinen so in einem anderen Licht: Sie sind nicht dazu da, um dich zu ärgern, sondern um dir Neues beizubringen! Stell dir ein Kind vor, das Fahrradfahren lernt. Geradeausfahren kriegt es gerade so hin. Doch jetzt kommen die Kurven dran: Erste Kurve, erster Sturz. Zweite Kurve, zweiter Sturz. Aber: Dritte Kurve – geschafft! Vierte Kurve – wieder geschafft! Und zwar nur deswegen, weil die Kurven eins und zwei so problematisch waren. Learning by Doing – Probleme verbessern das Können. Also sind Probleme Investitionen in zukünftige Fähigkeiten! Nur: Wie bei jeder Investition ist der Aufwand am Anfang zunächst höher als der Ertrag. Mit dem Joggen anfangen? Anstrengend! Lass dich davon aber nicht abschrecken, das ist nur vorübergehend. Denn bald schon erreicht Günter seinen Break-even-Punkt: Zehn Minuten gejoggt? Geht jetzt viel leichter! Zehn Mal gejoggt? Die Kondition ist besser! Problem sei Dank!

Kontrolliere immer wieder deinen Weg – und korrigiere ihn gegebenenfalls!

79. Feedback und Kurskorrekturen

»Je mehr du gelernt hast, desto geringer wird also dein Aufwand?« Genau. Und gleichzeitig sammelst du Erfolge, sodass der Ertrag bald den Aufwand übersteigt. »Deshalb sind Probleme also Herausforderungen?« Jawohl, sie sind Chancen zum Lernen – am besten mit echtem Interesse und ganz viel Dopamin! Purer Flow also.

»Super!«, freut sich Günter. »Dann sehe ich jedes Problem ab sofort nur noch positiv!« Oh je, jetzt hat Günter etwas zu viel Sonne abbekommen. Positiv sein? Klar! Aber bitte nicht naiv! Denn: Wer alles durch die rosarote Brille betrachtet, übersieht, was es noch zu verbessern gibt. Und zu verbessern gibt es immer etwas. Deshalb: Regelmäßig Feedback einholen! Bist du noch unterwegs zum Ziel? Stimmt die Richtung noch? Bitte objektive Beobachter um eine realistische Einschätzung. Frage Teammitglieder, Familie, Kunden, Freunde. Oft sehen andere nämlich klarer als man selbst. Also: Kurs kontrollieren – und gegebenenfalls korrigieren! Feedback kann unendlich nützlich sein. Aber: Achte auch darauf, dass das Feedback von qualifizierten Personen kommt! Schwätzer gibt es genug. Deshalb aufgepasst: Ist die Kritik sachlich richtig und fair vorgebracht? Was qualifiziert den Kritiker zur Kritik? Hat er selbst Erfahrungen oder Erfolge vorzuweisen? Kennt er deine Strategie und teilt er deine Vision? Falls ja: Denk drüber nach. Und falls nein: Leg dir eine dicke Haut zu! Bleib auf alle Fälle auf deinem Kurs!

Kompromisse? Nur, wenn sie nützen oder Synergien schaffen. Ansonsten: Nein sagen!

80. Kompromisse? Kommt darauf an!

Betrachte Erfolg also als permanente Verbesserung des Prozesses. Letztlich geht es um deine Wirksamkeit. Also erhöhe immer wieder deinen Wirkungsgrad! Hast du noch genügend Tempo drauf? Wie kannst du die Slalomstangen noch besser platzieren? Wie sie besser umfahren? Selbst Hindernisse und Kursabweichungen können dir nutzen: Oft ist ein vermeintlicher Umweg sogar eine Abkürzung. Also: Bleib flexibel und offen für Neues! Gute Ideen unterwegs? Setz sie um! Du kennst die Zielkoordinaten und hast deinen inneren Kompass. Du wirst schon ankommen.

»Was aber, wenn du mal einen Kompromiss eingehen musst?« Gute Frage, Günter! Müssen Kompromisse sein? Es kommt ganz darauf an, ob der Kompromiss ein Meilenstein auf dem Weg zum Ziel ist: Bringt er dich weiter? Passt er in dein großes Bild? Nutzt er jemandem, der auch dir helfen kann? Ergeben sich daraus Synergien? In diesem Fall: Sei kompromissbereit! Führt dich der Kompromiss aber von dir weg? Stiehlt er dir nur Zeit? Bist du unzufrieden? Sagt dein Bauch klar nein? Dann sag du auch nein! Schlechte Gefühle sind ein Handlungssignal. Und Neinsagen ist ein wichtiger Erfolgsfaktor – selbst wenn Günter mal gelernt hat, dass es unhöflich ist. Viel unhöflicher ist es, dir einen Umweg abzuverlangen.

Erfolg kommt nicht von heute auf morgen. Er muss gesät und lange gepflegt werden.

81. Erfolg braucht Zeit

»Ich verstehe!«, freut sich Günter. »Wir konzentrieren uns also immer auf den Abschnitt vor uns, achten aber darauf, dass die Gesamtrichtung stimmt.« Exakt, Schweinehund! »Wir lassen uns nicht ablenken, es sei denn, wir kommen dadurch besser zum Ziel.« Vollkommen korrekt! »Und wenn wir dabei achtsam vorgehen, werden wir besonders gut und es macht uns auch größeren Spaß.« Super, Günter! Aber das Wichtigste dabei ist: Handle mit Ausdauer – und zwar mit viel Ausdauer! Denn die ist fast immer nötig, wenn man tatsächlich zum Ziel kommen will. Handle so lange, bis es klappt, selbst wenn es zwischendurch mal schwierig wird – sonst wäre alle Anstrengung ja umsonst. Denn: Angefangen, aber nicht zu Ende geführt, ist so, als hättest du nie angefangen. Stell dir ein Kind vor, das laufen lernt: Zigtausende Bewegungen! Zigtausendfaches Scheitern! Und trotzdem immer wieder: handeln, handeln, handeln. Und am Ende? Erfolg!

Du brauchst für wirkungsvolles Handeln also einen sehr langen Atem. Abkürzung? Vergiss es! Du erntest das, was du gesät und immer wieder gepflegt hast. Und wie heißt es so schön: Gras wächst nicht schneller, wenn man daran zieht! Aber: Je mehr man arbeitet, desto mehr Glück scheint man auch zu haben.

Ein hohes Leitungsniveau ist wichtiger als die Nummer eins werden zu wollen.

82. Das hohe Niveau

»Es dauert also eine Weile, bis der Erfolg kommt?« Aber hallo! Mitunter Jahre oder Jahrzehnte: Denk etwa an ein Studium, einen hohen Posten oder den Marktführer. Alle an der Spitze haben jahrelang an ihrem Erfolg gearbeitet – die Erfolgreichsten meist nach ähnlichen Prinzipien. Dabei haben sie sich aber nicht ständig gesagt: »Ich muss unbedingt immer die Nummer eins sein!« Wer das tut, kommt zwar auch zu Erfolg – oft jedoch zahlt er dafür einen hohen Preis: Unzufriedenheit, Anspannung, kaputte Ehen, Krankheit, diverse Leichen im Keller … Verbissenheit sorgt auf Dauer also für einige Misserfolge.

Aber: Erfolg hängt nicht an einer einzigen Sache! Er ist das Resultat aller wichtigen Handlungen in die richtige Richtung – 80:20-Prinzip, du erinnerst dich? Denn: Wenn sich mehrere wirkungsvolle Handlungen ergänzen, kann das Resultat nur Erfolg sein! Wenn sich Günter dabei aber in zu wenige Faktoren verbeißt, übersieht er womöglich etwas Wichtiges – und sägt sich den Ast ab, auf dem er sitzt. (Übrigens: Auch Teamwork ist so ein Ast. Vier Augen sehen mehr als zwei – und vierzig mehr als vier!) Worum es also eigentlich geht, ist etwas ganz anderes als die Herrschaft an der Spitze: Ein dauerhaft hohes Leistungsniveau in deinen wichtigen Bereichen! Also: Verbessere dich immer wieder selbst! So kommst du nicht aus der Puste – und bist plötzlich tatsächlich die Nummer eins.

Wiederholung schafft neue Gewohnheiten. Was am Anfang schwerfällt, geht dann wie von selbst.

83. Neue Gewohnheiten schaffen

»So lange auf Erfolg warten?«, motzt Günter frustriert. »Das macht doch keinen Spaß!« Verständlich, Schweinehund, das muss dir mühsam erscheinen. Aber weißt du noch, wie Lernen und Automatismen funktionieren? Was du tust, lernst du. Was du lernst, kannst du. Was du kannst, magst du. Und was du magst, tust du gerne – und zwar immer wieder ähnlich, ohne große Mühe! Du hast eine Gewohnheit geschaffen, die dir leichtfällt und Spaß macht, weil sie dich zum Ziel bringt. Ja, du hast einmal Schwung geholt, bist in Fahrt gekommen, und jetzt bleibt dir der Schwung erhalten – du bewegst dich wie von selbst. Am Anfang hattest du dabei eine steile und manchmal anstrengende Lernkurve nach oben. Mit der Zeit aber stieg auch deine Erfolgskurve steil an – wie von selbst, Gewohnheit sei Dank! Wenn du ein paarmal auf dem genau gleichen Weg durch Tiefschnee stapfst, geht es schließlich auch immer leichter.

Also lass Günter nicht so viel jammern! Er beschwichtigt ja gerne: »Unter anderen Umständen würde ich mich anders verhalten.« Blödsinn! Du bist nicht, wie du dir einbildest zu sein. Du bist, was du tust. Und nicht die Umstände sind wichtig, sondern das, was du aus den Umständen machst. Also: Mach neue Spuren im Verhaltens-Tiefschnee! So können selbst ungeliebte Tugenden zu geliebten Stärken werden – und auch der Nicht-Sportler Hans-Jörg kann Spaß am Joggen finden.

Erfolge
schaffen
Zuversicht.
Zuversicht
schafft
Handlungen.
Handlungen
schaffen
Erfolge.

84. Erfolge sammeln schafft Zuversicht

Damit der Weg nach oben nicht so steinig wird, braucht Günter Zuspruch. Schließlich sind innere Schweinehunde sehr sensibel. Also ist es nun wichtig, Erfolge zu sammeln – und seien sie noch so klein! Langfristig tut Günter ohnehin nur, wovon er überzeugt ist. Überzeugungen aber hängen davon ab, was die innere Kamera filmt: Erde? Grashalme? Ameisen? Dann glaubst du, auf einer Wiese zu stehen. Filmst du stattdessen 22 Spieler, Ball und Publikum, merkst du: Du stehst mitten im Stadion! Also: Jedes einzelne Motiv kann die gewünschte Wahrnehmung unterstützen. Und lauter kleine Siege machen Günter zuversichtlich, dass auch dein großes Vorhaben zu schaffen ist – du sammelst dafür lauter Referenzen.

Wenn es trotzdem mal schwierig wird, bleib dennoch optimistisch! Schnauf in Ruhe durch und mach dir Mut: »Gut gemacht!«, »Du bist super!« und »Das schaffst du schon!«. So etwas nennt man übrigens Affirmation, eine Art Selbsthypnose. Vielleicht hilft dir hier aber auch das Prinzip Schicksal weiter? Denn: Was, wenn du Erfolg einmal wirklich nicht selbst in der Hand hast? Nun, dann kannst du sowieso nichts machen – also bleib locker! Vorher musst du aber schon dein Bestes geben. Ein Spiel dauert schließlich 90 Minuten …

Erfolge müssen gefeiert
werden. Das freut
das ganze Team und
motiviert für die Zukunft.

85. Das Ziel feiern

»Okay, alles klar!«, sagt Günter. »Eigentlich ganz logisch: Wer handelt, überwindet am Anfang oft einen Widerstand. Aber er tut, was er tun muss, um ans Ziel zu kommen. Und nach ein paar Wiederholungen geht alles besser und leichter. Aus dem Widerstand ist eine schwungvolle Gewohnheit geworden. Und weil man etwas Spannendes tut, macht das Ganze sogar Spaß.« Bravo, Schweinehund! Jetzt noch geduldig und optimistisch auf Kurs bleiben, und du bist bald am Ziel deiner Träume: Business-Projekt, Meisterschaft, Umzug, Studium, Traumgewicht – geschafft! Das Verrückte dabei: Im Nachhinein erscheint der Weg zum Ziel meist viel leichter als unterwegs. Weißt du noch, wie viel Bammel du vor deiner Führerscheinprüfung hattest? Vor dem ersten Kundengespräch? Vor der ersten Woche in einer neuen Stadt? Im Nachhinein: Alles ganz leicht gewesen! Eben weil du gehandelt hattest!

Wichtig ist auch: Feiere deine Erfolge und Zwischenerfolge! Fast alle erfolgreichen Menschen können sich richtig freuen und feiern! Mit allen, die am Erfolg beteiligt waren. So verknüpft man Erfolg bewusst mit guten Gefühlen – Endorphine im Kopf, weißt du noch? Neben Dopamin der zweite Nervenglücksstoff. Also: Lass alle Hemmungen fallen, lade dein ganzes Team, deine Familie, deine Partner ein und dann feiert ein großes Fest! Das macht Erfolg intensiver, in der Erinnerung doppelt so schön – und das ganze Schweinehunde-Team hat saumäßigen Spaß.

Niederlagen sind oft der Anfang großer Erfolge.

86. Niederlagen erwünscht

»Und wenn du keinen Erfolg hast?« Dann macht es auch nichts! Denn: Niederlagen sind oft die allererste Keimzelle für den Erfolg. Warum auch etwas verbessern, das einigermaßen läuft? Wenn aber Altes zusammenbricht, wenn große Krisen kommen, wenn Bisheriges zerstört wird, entsteht daraus etwas Neues. Und wer bereit ist, dazuzulernen, wird nun besser sein als vorher. Die meisten großen Gewinner haben zuerst das Verlieren gelernt. Frag mal richtig erfolgreiche Menschen nach ihren großen Niederlagen! Sie werden dir einiges zu erzählen haben. Ja, meist läuft Erfolg ungefähr so ab: Versuch, Misserfolg, Versuch, Misserfolg, Versuch, Misserfolg, Versuch, riesiger Erfolg! Tja, »Glück« gehabt ...

Also bleib realistisch und cool down: Erfolg braucht Zeit, Ausdauer und ständige Kurskorrekturen. Niemand ist perfekt. Misserfolge? Sind Zwischenergebnisse! Katastrophen? Vorübergehende Krisen! Ja manchmal muss man die Dinge sogar absichtlich zerstören, um etwas Neues zu schaffen: Aussprachen, Kündigungen, Insolvenzen. Und: So manche brillante Idee, so manches Abenteuer stammt aus den Trümmern vergangener Lebensumstände. Also: Ein bisschen Unzufriedenheit und Chaos – und schon wird Günter kreativ! Das Lust-Schmerz-Prinzip eben.

Projekt beendet?
Such dir ein neues!

87. Lösungen und neue Ziele suchen

»Dann ist es nicht schlimm, wenn mal etwas danebengeht?« Genau, Günni, Pech passiert. Wichtig ist nur zweierlei. Erstens: Wie ist dein Misserfolg zustande gekommen? Analysiere die Ursachen offen und ehrlich! Du sollst die gleichen Fehler schließlich nicht noch einmal machen. Und zweitens: Analysiere nicht ewig! Viel wichtiger ist es, die Kuh wieder vom Eis zu kriegen. Also: Konzentriere dich nicht auf Probleme, sondern auf deren Lösung! Was tust du, damit alles gut wird? Wie machst du aus deiner Situation das Beste? Was kannst du für die Zukunft daraus lernen? Wetten, dass Günter dazu etwas einfällt? Und dann heißt es wieder: handeln, handeln, handeln – bis zum Erfolg!

»Was aber passiert nach dem Erfolg?«, will Günter nun wissen. »Wie geht es dann weiter?« Am besten suchst du dir bald das nächste Abenteuer. Denn: Nichts kann ähnlich demotivieren wie langweilige Ziellosigkeit. Dopamin, weißt du noch? Abwechslung aber macht Spaß. Und du hast immer dann Glücks-Doping im Kopf, wenn du ganz in einer Aufgabe aufgehst – unterwegs zu deinem Ziel. Vielleicht kennst du das ja: Erst lernst du ewig für eine Prüfung, steckst mitten in einem spannenden Projekt, oder du trainierst für einen bestimmten Zweck, und deine Stimmung ist die ganze Zeit gut. Doch dann: Prüfung geschrieben, Projekt beendet, Turnier bestritten. Eine kurze Feier – und deine Stimmung purzelt in den Keller. Ganz tief. Dorthin, wo kein Dopamin mehr ist.

Die Zeit entwickelt sich weiter –
entwickle dich mit ihr!
Stillstand ist Rückschritt.

88. Mit der Zeit gehen

»Also immer wieder neue Ziele suchen?« Richtig, Günter! Neugier und Spaß verschwinden häufig, wenn ein Abenteuer beendet oder Routine eingekehrt ist. Deshalb: Wage immer wieder Neues! Erweitere ständig deine kleine Welt! Such dir immer wieder neue Ziele! So haben Langeweile und Mittelmaß keine Chance – und du bist dabei erfolgreich und glücklich. So erlebst und erfährst du dein Leben lang spannende Dinge. Die gesunde Neugier wird zum Antrieb. Kopf-Doping pur.

Und ständige Veränderung muss sogar sein! Die Zeit steht nicht still: Was gestern noch modern war, ist heute oft schon veraltet. Die Lebenszyklen vieler Projekte, Produkte oder Erfolge werden immer kürzer. Das Leben entwickelt sich weiter. Wichtig deshalb: Nachdem es eine Weile steil bergauf gegangen ist, stagniert der Erfolg irgendwann – und auch das ist eine normale Entwicklung! Falsch wäre jetzt, genauso weiterzumachen wie vorher. Die Mittel der Vergangenheit haben dich in die Gegenwart geführt, sie müssen dich nicht in die Zukunft führen. Bevor die Erfolgskurve also wieder abfällt, wird es Zeit für die nächste Stufe nach oben!

Pass deine Ziele an,
wenn der Erfolg nachlässt!

89. Ziele anpassen

»Dann ist Erfolg also zeitlich begrenzt«, sagt Günter traurig. Ja, aber nur für jedes einzelne Projekt! Noch vor ein paar Jahren telefonierte man nur übers Festnetz und hörte Musik von CDs. Handys? MP3-Dateien? »Neumodischer Kram!«, hätte Günter damals gedacht. Doch du hast die nächste Stufe genommen und dich in Richtung Zukunft bewegt. Du hast gelernt, mobil zu telefonieren und mit MP3-Playern umzugehen. Bravo! Bleib auch weiterhin immer beweglich und flexibel. Vor allem dann, wenn der Erfolg nachlässt. Vielleicht passen deine Ziele nicht mehr? Vielleicht sind deine Überzeugungen überholt? Vielleicht hat sich der Markt verändert? Vielleicht solltest du dich umorientieren? Etwas anderes tun? Ein neues Projekt starten? So ist Erfolg zeitlich unbegrenzt, ja er kann dein ganzes Leben lang andauern – schließlich passt du deine Ziele immer wieder daran an.

Im Wesentlichen kannst du deine Situation auf dreierlei Arten bewerten: Love it! Change it! Or leave it! Wirf immer wieder einen Blick auf dein großes Lebensbild und vergleich es mit deiner Realität. Ist alles in Ordnung? Dann: Love it! Günter soll nicht so viel motzen … Gibt es etwas zu verbessern? Dann: Change it, verbessere es! Günter soll nicht so faul sein … Ist die Situation sinnlos und nicht zu verändern? Dann: Leave it, nutze deine Energien besser woanders! Günter soll nicht so feige sein …

Überleg dir von Zeit zu Zeit:
Was willst du nicht mehr tun müssen?
Und dann: Weg damit!

90. Der systematische Mülleimer

»Moment mal …«, Günter wird stutzig. »Wenn du etwas Neues anfängst, bleibt Altes übrig! Was machst du denn damit?« Gut mitgedacht, Schweinehund! Natürlich wird Altes schnell zum Ballast: überholte Arbeitsabläufe, langweilige Stammtische, vollgestopfte Rumpelkammern. So raubt dir die Vergangenheit Energie. Wer will sich schon gleichzeitig um gestern kümmern und morgen vorbereiten? Deshalb: Räum regelmäßig auf! Aber nicht nur deine Wohnung, sondern auch deine Projekte: Was willst du in Zukunft nicht mehr tun? Womit willst du keine Zeit und Kraft mehr verschwenden? Welcher Aufwand erscheint dir nicht mehr gerechtfertigt? Also: Lass los! Schmeiß alles aus deinem Leben, was du nicht mehr brauchst. So hast du Platz und Energie für das, was dir wichtig ist.

»Aber früher war doch alles gut und schön!« Typisch: Schweinehunde sind Nostalgiker. Sie ruhen sich auf den Lorbeeren vergangener Tage aus. Sobald etwas eine Weile her ist, denken sie: »Schön war's!« Dabei ist es heute auch schön. Und morgen. Und übermorgen. Natürlich vorausgesetzt, du hast das mit dem Glücks-Doping verstanden. Und das mit den Automatismen: Was du nicht tust, verlernst du. Was du verlernst, kennst du nicht mehr so gut. Und was du nicht kennst, vermisst du nicht! Ein indianisches Sprichwort sagt: Wenn der Gaul tot ist, steig ab.

Investiere permanent
in deine Zukunft –
selbst, wenn du erst
mal keine Belohnung
dafür kriegst!

91. Permanent investieren

Noch eine weitere Sache: Investiere schon heute in deine Zukunft! »Zukunft? Viel zu weit weg!« Aber Günter! Die Zukunft zu ignorieren, ist so, also ob ein Kurzsichtiger nicht an Entfernungen glaubt. Obwohl du sie nicht siehst, wird die Zukunft kommen! Und so manche Schweinehunde wünschen sich heute, sie hätten gestern nicht den Startschuss verpasst.

Also: Manche deiner Projekte und Abenteuer liegen zwar noch in weiter Ferne und haben nichts mit den heutigen Aufgaben zu tun. Dennoch sind sie bereits heute wichtig! B-Aufgaben, weißt du noch? So manche Saat muss jetzt gepflanzt werden, wenn sie übermorgen aufgehen soll: säen, gießen, pflegen, gießen, pflegen – bis daraus irgendwann eine Pflanze wächst. Erst zart und zögerlich, dann schnell und kräftig. Bis zum stattlichen Baum. So fangen auch viele deiner zukünftigen Projekte bereits heute an – und du siehst lange Zeit keine Erfolge. Du investierst im Vertrauen darauf, dass du eines Tages die Früchte erntest. Belohnung? Erst mal Fehlanzeige! Wenn es aber so weit ist, freust du dich: Gut, dass du rechtzeitig investiert hast! Obwohl Günter ständig gemotzt hat: »Schaffst du sowieso nicht!«, »Keine Zeit!« oder »Dauert zu lange!«. Übrigens ein weiterer Grund dafür, warum Schweinehunde so gerne an Altem festhalten: Sie haben für Neues keine Geduld. Du siehst: Um in die Zukunft zu investieren, musst du schon an sie glauben.

Gute Netzwerke bringen
Menschen weiter und
schaffen große Erfolge.

92. Investition Mensch

Die wichtigste Investition ist aber keine, die du in Projekte steckst. Die wichtigste Investition ist deine Beziehung zu anderen Menschen. Denn: Menschen sind gerne miteinander verbunden und ihre Schweinehunde sind Herdentiere – allein sein macht auf Dauer keinen Spaß. Wenn sich nun aber die falschen Menschen zusammenfinden, blockieren sie sich oft gegenseitig und verursachen Probleme: Bürokratie, Politik, Reformstau, Klein-Klein und Stillstand. Finden aber Menschen zusammen, deren Werte ähnlich sind und deren Ziele und Fähigkeiten einander ergänzen, fühlen sich alle wohl und jeder hilft jedem. So entsteht pure Umsetzungsstärke, wahre Managementkompetenz, positiver Erfolgswettstreit, echte Organisationsenergie. Eine Handvoll Menschen kann eine Delle ins Universum hauen! Mindestens.

»Also tun wir uns immer wieder mit anderen zusammen, die gut zu uns passen?« Genau, Günter! Je mehr Menschen du nämlich kennst, desto sicherer lebst du – man kann sich gegenseitig stützen. Und je mehr du kennst, desto mehr Erfolgeiche sind auch darunter – mit denen du wiederum Freundschaften schließen und Netzwerke knüpfen kannst. So entstehen immer wieder unschlagbare Erfolgsteams. Sollen sich die Einzelkämpfer, Bürokraten und Miesepeter ruhig wundern!

Füttere deine Beziehungskonten!
So ist allen geholfen.

93. Beziehungskonten führen

»Aber oft sind andere Menschen ziemlich schwierig. Wie geht man mit ihnen denn richtig um?« Na, indem man immer wieder auf das gemeinsame Beziehungskonto einzahlt. »Ein Beziehungskonto? Was ist denn das?« Nun, alle Menschen wollen doch eigentlich das Gleiche: Sie wollen respektiert und geliebt werden und sich ungestört weiterentwickeln können. Und jetzt stell dir vor, da pfuscht ständig jemand rein: »Du bist dumm!«, »Du bist doof!« und »Das darfst du nicht!«. Kannst du dir vorstellen, wie lange das gut geht? »Nicht sehr lange …« Genau: Die Beziehung zwischen Menschen wird so immer schlechter. Was aber, wenn man sich gegenseitig respektiert, schätzt und unterstützt? »Dann stimmt die Beziehung!«

Stell dir mal ein Konto vor, auf dem man kein Geld einzahlt, sondern Respekt, Wertschätzung und Unterstützung. Jedes freundliche Wort, jede Hilfe, jedes Vertrauen wird so zur Einzahlung: »Du bist gut!«, »Ich finde dich toll!« und »Du darfst tun, was du für richtig hältst!«. Wenn Menschen auf diese Weise beieinander einzahlen, kann fast nichts mehr schiefgehen – selbst, wenn es hin und wieder mal zu Abbuchungen kommt. Also: Unterstütze deine Freunde! Glaub an sie! Vertrau darauf, dass sie ihre Sache gut machen! Du wirst das Gleiche zurückbekommen – und bist bald reicher als ein Millionär.

Sammle Anerkennung und
gib sie an andere weiter!

94. Anerkennung

Ein schönes Beispiel für eine Einzahlung aufs Beziehungskonto ist Anerkennung. Wie fühlst du dich, wenn du dich so richtig angestrengt hast, erfolgreich warst und ein anderer dafür belohnt wird? Zum Beispiel dein Kollege, Chef oder Partner? »Das ist ungerecht! Mieses Gefühl!« Genau. Noch mal wirst du dich nicht mehr so anstrengen. Was aber, wenn Kollege, Chef und Partner sagen: »Ohne Günter wäre der Erfolg nicht möglich gewesen!«? – »Dann würde ich mich freuen. Und mich beim nächsten Mal wieder genauso reinhängen. Vielleicht sogar ein bisschen mehr?« Und damit neue Erfolge produzieren!

Also: Leistung braucht Anerkennung! Für innere Schweinehunde ist sie wie ein Lebenselixier. Oft kompensieren sie damit ja Minderwertigkeitskomplexe von früher. Und Anerkennung muss gerecht verteilt werden – selbst wenn Günter am liebsten immer alles Lob für sich alleine hätte. Deshalb: Nimm Anerkennung an – wenn sie dir zusteht! Das braucht Günter für sein Selbstwertgefühl. Aber: Gib Anerkennung auch an andere weiter – wenn sie ihnen zusteht! Gönne auch anderen ihre persönlichen Erfolge! Sich mit fremden Lorbeeren zu schmücken, weckt nur Widerstand im Team. Und dann versagen dir bald lauter innere Schweinehunde ihre Mitarbeit.

Kommuniziere viel und gut!
Und: Immer erst verstehen,
dann verstanden werden
wollen.

95. Mit dem Umfeld kommunizieren

»Warum immer an andere denken?«, fragt Günter. »In einem wirklich guten Team versteht man sich blind!« Irrtum, Schweinehund: Die meisten Streitereien, Scheidungen, Prozesse – kurz, die meisten Misserfolge – stammen genau daher, dass man sich eben nicht blind versteht! Und dabei geht es nicht nur um gegenseitige Anerkennung, sondern um Erwartungen, Abstimmung, Bedürfnisse, Entwicklungen, Feedback und so weiter. Man kann anderen Menschen schließlich nicht hinter die Stirn gucken. Doch weil dein Erfolg stark mit deinem Umfeld vernetzt ist, musst du mit deinem Umfeld auch kommunizieren, um erfolgreich zu sein! Und zwar gut, viel und regelmäßig: Telefonate, E-Mails, Kneipenbesuche, Geschäftsbesprechungen, Urlaube, Teamsitzungen, Vier-Augen-Gespräche, Small Talk – nutz einfach jede Gelegenheit und jeden Kontakt zur Kommunikation!

Wichtig dabei: Hör deinem Gegenüber gut zu! Manche Schweinehunde sagen immer sofort, was sie denken – und während der andere darauf antwortet, formulieren sie in Gedanken schon die Erwiderung. Verständnis? Fehlanzeige! Was aber, wenn das alle so machen würden? »Dann ginge wohl einiges schief.« Klar. Also: Erst zuhören, nachdenken, verstehen. Und dann verstanden werden wollen!

Entwickle deine Persönlichkeit ständig weiter! Bleib integer – und setz dich durch!

96. Werde eine Persönlichkeit!

»Wow!«, staunt Günter. »Bald bist du ja eine richtige Persönlichkeit!« Guter Gedanke: Sag, was du tust. Tu, was du sagst. Sei klar, verlässlich und echt. Denk nicht nur an dich, sondern ans ganze Team. Orientier dich dabei am Erfolg. Gib ehrliches Feedback, nimm Kritik an und gönne anderen ihre verdiente Anerkennung. Sei ehrlich und fair. Lästere nicht über Abwesende und gib selbst dein Bestes. Verbessere dich immer weiter. Kurz: Sei in jeder Hinsicht ein Vorbild, werde eine Persönlichkeit! So ist dein Erfolg kaum noch zu stoppen.

»Was aber, wenn dich jemand ärgern will? Wenn dich jemand ausnutzt? Wenn es Stunk gibt?« Dann scheu dich nicht vor Konflikten! Mitunter stößt Kooperation an ihre Grenzen. Konflikte kommen vor, ja müssen manchmal sein. Dann allerdings ist es nicht wichtig, geliebt, sondern respektiert zu werden! Also setz dich durch, auch wenn du dabei mal eine blutige Schnauze riskierst.

»Oh, oh! Und wenn man dich dann nicht mehr mag?« Keine Sorge, Günter: Wenn du immer auf deine Integrität achtest, sind Konflikte in Ordnung. Sie bringen dir Respekt und Erfolg. Bist du hingegen unfair und nicht verlässlich, nimmt man dir Konflikte übel. Das führt zu Missstimmung mit Metastasenbildung. Und zu Misserfolg.

Auf Vollgas sollte Leerlauf
folgen. So erholst du dich gut,
und deine Energie hält ewig.

97. Erholung muss sein

»Yippieh!«, freut sich Günter. »Wir fahren mit Vollgas in Richtung Erfolg!« Schön, Schweinehund. Doch denk auch daran, hin und wieder eine Pause einzulegen. Denn genauso wichtig wie Vollgas zu geben ist es, sich davon zu erholen und auf die nächste Fahrt vorzubereiten! Wie soll Günter sonst all die vielen Erfolgserlebnisse verarbeiten? Wo soll er neue Kraft finden? Deshalb schalte immer wieder einen Gang zurück und halte inne. Vielleicht schreibst du Tagebuch? Oder du meditierst? Oder du gehst zum Sport? Oder du verbringst immer wieder mal einen Tag faul im Bett? So kann sich alles erst mal setzen, bevor es weitergeht. Und Günter tankt neue Energie, die locker bis zur nächsten Erholungspause anhält.

Trick 17 übrigens – für besonders schnelle Regeneration: Such dir ein Hobby oder eine interessante Beschäftigung, die nichts mit deinen anderen Tätigkeiten zu tun hat! Tauchen? Reiten? Reisen? Lesen? Malen? Fliegen? Theater? Sicher fällt dir etwas ein. Der Vorteil: Du denkst an etwas anderes, findest so leicht neue Ideen und siehst dein sonstiges Leben immer wieder in einem anderen Bezugsrahmen: Was ist dir wichtig? Was weniger? Und wenn du vom Hobby genug hast, geht es wieder mit Volldampf auf die Überholspur! Dein wahres Hobby ist dein Leben.

Genieß dein Leben im Heute.
Das macht schöne Erinnerungen
und Hoffnung für die Zukunft.

98. Den Weg genießen!

»Schööööön!« Günter lehnt sich entspannt zurück. »Im Leben Erfolg haben und trotzdem locker bleiben – was gibt es Besseres?« Super, der Schweinehund hat viel gelernt. Denn: Viele bereiten sich ja so intensiv aufs Morgen vor, dass sie das Heute ganz vergessen. Und eines Tages hat das ganze Leben dann gestern stattgefunden! Es ist voller Geschäftigkeit an einem vorbeigerauscht. Dumm gelaufen.

Also: Leb im Heute! Genieß jeden Tag! Mit all deinen Sinnen! Lache! Weine! Beweg dich! Knutsch deinen Partner! Geh ins Kino! Lies Bücher! Faulenze! Lauf barfuß über eine Wiese! Geh im Regen spazieren! Lass dich massieren! Iss und trink! Lern die Welt kennen! Lebe die Liebe! Und liebe dein Leben! Sei mit dir selbst zufrieden! Das ist der größte Erfolg überhaupt. Kirschen in Nachbars Garten? Viel zu langweilig!

Und: Dass es noch ein paar überlebenswichtige B-Aufgaben gibt, wie weniger saufen, weniger Fett und Zucker fressen oder weniger rauchen, du dafür aber ausreichend Sport, Wasser, Vitamine, Proteine, Ballaststoffe, Erholung und Schlaf brauchst, muss einem so erfolgreichen Schweinehund nicht extra gesagt werden, oder? Nichts schmeckt schließlich so gut und nichts ist so schön, wie sich Gesundsein anfühlt. Günter soll schließlich mindestens 100 Jahre lang über diesen schönen Planeten wandeln.

Was willst du zukünftig tun? Wie willst du es tun? Schreib dein persönliches Leitbild!

99. Dein persönliches Leitbild

Günter grinst glücklich in die Welt. Er hat verstanden, wie Erfolg funktioniert, und er kann nun jeden Tag genießen. Kurz: Er weiß jetzt, was zu tun ist. Damit er das aber nicht morgen wieder vergisst, hier nun ein letzter Tipp: Sammle all deine neuen Ideen und schreib dir dein persönliches Leitbild auf! »Was ist denn ein Leitbild?«, fragt Günter. Das ist eine Art Vertrag mit sich selbst. Darin hältst du fest, was dir wichtig ist und woran du dich in Zukunft orientierst.

Günters Leitbild könnte etwa so aussehen: »Ich, Günter, der innere Schweinehund, will erfolgreich sein. Dafür arbeite ich kontinuierlich an meiner Persönlichkeit, hinterfrage meine Bewertungen, Regeln, Gewohnheiten und Automatismen. Ich verlasse meine kleine Welt und lerne immer wieder Neues kennen. Dabei suche ich spannende Ziele und ergreife Chancen. Ich orientiere mich an meinen Stärken, Werten und allen wichtigen Lebensbereichen. Meine Entscheidungen treffe ich klar und handle dann flexibel, kraftvoll und ausdauernd. So lange, bis ich Erfolg habe. Ich lasse mich nicht ablenken, hole mir aber Feedback. Und ich arbeite mit anderen so zusammen, dass wir gemeinsam stärker sind als jeder alleine für sich. Ich bin wichtig, also achte ich auf mich. Ich mache Pausen, lebe im Heute und genieße das Leben. Dabei lasse ich mich nicht von meinen Ängsten beherrschen, sondern suche immer wieder spannende Abenteuer. Ich will tun, was ich liebe. Und schaffen, was ich mir vorgenommen habe.« Na, Günter? Ist das ein Leitbild?!

Günter ist dein bester Freund.
Schweinehund hin oder her.

100. Günter, dein Freund und Helfer

Das ist Günter. Günter ist dein innerer Schweinehund. Er lebt in deinem Kopf und bewahrt dich vor allem Übel dieser Welt. Immer, wenn du etwas Neues lernen willst oder dich mal anstrengen musst, ist Günter zur Stelle: »Lass mich helfen!«, sagt er dann. Oder: »Das schaffst du schon!« Und wenn du mal vor einer spannenden Herausforderung stehst, erklärt dir Günter: »Wann, wenn nicht jetzt? Wo, wenn nicht hier? Wer, wenn nicht du?« Günter ist nämlich ziemlich zuversichtlich und neugierig. Und weil ihm seine Gefühle, Stärken und Werte dabei helfen, zwischen richtig und falsch zu unterscheiden, beschützt er dich vor Langeweile und Mittelmaß. Ist das nicht nett von ihm?

Günters Ratschläge sind hilfreich. Er orientiert sich an Erfolgsprinzipien, ergreift gerne die Initiative und genießt, was er tut. Lust ist für ihn, zu handeln. Schmerz, die Handlung zu vermeiden. Günter mag dich so, wie du bist, und sein Jagdtrieb führt dich von einem schönen Abenteuer zum nächsten. Du hörst auf deine innere Stimme und feierst ein Leben voller Erfolge. Günter sagt dir: »Wenn du etwas tun willst, dann mach es. Basta!« Also los jetzt: Erobere die Welt!

Buchtipps

Baum, Thilo & Frädrich, Stefan: Günter, der innere Schweinehund, wird Nichtraucher. Ein tierisches Gesundheitsbuch. GABAL, Offenbach 2006

Baum, Thilo & Frädrich, Stefan: Günter, der innere Schweinehund, lernt flirten. Ein tierisches Turtelbuch. GABAL, Offenbach 2007

Benson, Bernard: Der Weg ins Glück. Heyne, München 1999

Bernstein, Albert J.: Emotionale Vampire. So werden Sie mit Menschen fertig, die Ihnen den letzten Nerv rauben. Mvg, München 2002

Blanchard, Kenneth & Johnson, Spencer: Der Minuten-Manager. Rowohlt Taschenbuch, Reinbek bei Hamburg 2001

Carnegie, Dale: Sorge dich nicht – lebe! Fischer Taschenbuch Verlag, Frankfurt a. M. 2003

Coleman, Daniel: EQ. Emotionale Intelligenz. dtv, München 1997

Covey, Stephen R.: Die 7 Wege zur Effektivität. Prinzipien für persönlichen und beruflichen Erfolg. GABAL, Offenbach 2005

Covey, Stephen R.: Der 8. Weg. Mit Effektivität zu wahrer Größe. GABAL, Offenbach 2006

Frädrich, Stefan: Günter, der innere Schweinehund. Ein tierisches Motivationsbuch. GABAL, Offenbach 2004

Frädrich, Stefan: Luft! Ganz einfach Nichtraucher. Droemer-Knaur, München 2004

Frädrich, Stefan: Günter lernt verkaufen. Ein tierisches Businessbuch. GABAL, Offenbach 2005

Frädrich, Stefan: Günter, der innere Schweinehund, für Schüler. Ein tierisches Motivationsbuch. GABAL, Offenbach 2005

Frädrich, Stefan: Günter, der innere Schweinehund, wird schlank. Ein tierisches Diätbuch. GABAL, Offenbach 2006

Frädrich, Stefan & Sautter, Nicola: Besser Essen – leben leicht gemacht. Zabert-Sandmann, München 2007

Hill, Napoleon: Denke nach und werde reich. Die 13 Gesetze des Erfolges. Hugendubel, München 2001

Johnson, Spencer: Die Mäuse-Strategie für Manager. Veränderungen erfolgreich begegnen. Hugendubel, München 2000

Klein, Stefan: Einfach glücklich. Die Glücksformel für jeden Tag. Rowohlt Taschenbuch Verlag, Reinbek bei Hamburg 2004

Knigge, Adolf Freiherr v.: Über den Umgang mit Menschen. Insel, Frankfurt a. M. 1977

Lazarus, Arnold & Lazarus, Clifford: Der kleine Taschentherapeut. In 60 Sekunden wieder o.k. Klett-Cotta, Stuttgart 1999

Malik, Fredmund: Führen, Leisten, Leben. Wirksames Management für eine neue Zeit. Heyne, München 2001

McGraw, Phillip: Self matters. Creating your life from inside out. Simon & Schuster Audio 2003

Miedaner, Talane: Coach dich selbst, sonst coacht dich keiner! 101 Tipps zur Verwirklichung Ihrer beruflichen und privaten Ziele. mvg, München 2002

Münchhausen, Marco v.: So zähmen Sie Ihren inneren Schweinehund! Vom ärgsten Feind zum besten Freund. Campus, Frankfurt a. M. 2002

Niven, David: Die 100 Geheimnisse glücklicher Menschen. Ansata Verlag, München 2000

Niven, David. Die 100 Geheimnisse erfolgreicher Menschen. Ullstein Heyne List, München 2002

Robbins, Anthony: Grenzenlose Energie. Das Power-Prinzip. Wie Sie Ihre persönlichen Schwächen in positive Energie verwandeln. Heyne, München 1991

Robbins, Anthony: Das Robbins Power Prinzip. Wie Sie Ihre wahren inneren Kräfte sofort einsetzen. Heyne, München 1994

Schäfer, Bodo: Die Gesetze der Gewinner. Erfolg und ein erfülltes Leben. dtv, München 2003

Schulz von Thun, Friedemann: Miteinander Reden 1. Störungen und Klärungen. Rowohlt Taschenbuch, Reinbek bei Hamburg 1981

Seiwert, Lothar J.: Das »neue« 1 x 1 des Zeitmanagement. Zeit im Griff, Ziele in Balance, Erfolg mit Methode. GABAL, Offenbach 1995

Spitzer, Manfred: Lernen. Gehirnforschung und die Schule des Lebens. Spektrum, Heidelberg, Berlin 2002

Sprenger, Reinhard K.: Mythos Motivation. Wege aus einer Sackgasse. Campus, Frankfurt a. M. 2002

Watzlawick, Paul: Wie wirklich ist die Wirklichkeit? Wahn, Täuschung, Verstehen. Piper, München 1976

Watzlawick, Paul: Anleitung zum Unglücklichsein. Piper, München 1983

Welch, Jack & Byrne, John A.: Was zählt. Die Autobiografie des besten Managers der Welt. Econ, München 2001

Zimbardo, Phillip G. & Gerrig, Richard J.: Psychologie. Springer, Berlin, Heidelberg, New York 1999

Der Autor

Dr. med. Stefan Frädrich (www.stefan-fraedrich.de) ist Experte für erfolgreiche Selbstmotivation. Er ist der konzeptionelle und textliche Vater von »Günter«, dem inneren Schweinehund.

Als Trainer und Coach bekannt wurde Stefan Frädrich durch seine Bestsellerbücher, durch umfangreiche Medienpräsenz mit eigenen TV-Sendungen (Pro7, WDR, Focus Gesundheit), als Redner und Moderator sowie durch seine Seminare »Nichtraucher in 5 Stunden« (www.nichtraucher-in-5-stunden.de) und »Schlank in 5 Stunden« (www.schlank-in-5-stunden.de), die europaweit von einem stetig wachsenden Trainerteam durchgeführt werden.

Zu Stefan Frädrichs Kunden zählen namhafte Firmen, Organisationen, Vereine, Behörden und Persönlichkeiten. Dr. Frädrich sitzt im Expertenrat der Mentor-Stiftung, ist Gründungsmitglied der Deutschen Gesellschaft für Nikotinprävention, zählt zu den Top-100-Referenten bei Speakers Excellence und ist Professional Member der German Speakers Association. Er entwickelt ständig weitere Seminare und Bücher.

Stefan Frädrich lebt in Köln.

Der Illustrator

Timo Wuerz ist freier Designer, Illustrator und Künstler (www.timowuerz.com). Er ist der zeichnerische und künstlerische Vater von »Günter«, dem inneren Schweinehund, sowie der gemeinsam mit Stefan Frädrich vermarkteten Günter-Merchandising-Kollektion mit Plüschtieren, Postkarten und vielen weiteren Produkten (www.guenter-antwortet.de).

Seinen ersten Clown malte Timo Wuerz schon mit knapp zwei Jahren und seit seiner ersten Ausstellung mit zarten 14 feiert er erstaunlich vielseitige Erfolge: über ein Dutzend Comics und Kinderbücher, weltweit Aufträge für Architektur, Briefmarken, CD-Cover, Corporate Design, Filme, Magazinillustrationen, Poster und Spielzeug sowie die Gestaltung von Themenparkattraktionen. Die Arbeiten von Timo Wuerz sind mittlerweile in mehreren Museen unter anderem im San Francisco Museum of Modern Art zu sehen. Und er macht immer noch alles, was für ihn neu ist und sein Interesse weckt. Zum Beispiel: »Günter« zeichnen.

Timo Wuerz lebt in Hamburg.

...und wo's den gibt, gibt's noch viel mehr Günter:
www.guenter-antwortet.de

Günter, der innere Schweinehund

Günter, der innere Schweinehund
224 Seiten
ISBN 978-3-89749-457-2

Günter, der innere Schweinehund, hat Erfolg
216 Seiten
ISBN 978-3-89749-731-3

Günter lernt verkaufen
216 Seiten
ISBN 978-3-89749-501-2

Günter, der innere Schweinehund, lernt flirten
216 Seiten
ISBN 978-3-89749-665-1

Günter, der innere Schweinehund, wird schlank
216 Seiten
ISBN 978-3-89749-584-5

Günter, der innere Schweinehund, wird Nichtraucher
216 Seiten
ISBN 978-3-89749-625-5

Günter, der innere Schweinehund, für Schüler
232 Seiten
Lesealter: ab ca. 10 Jahren
ISBN 978-3-89749-583-8

Günter, der innere Schweinehund
2 CDs
Sprecher: S. Frädrich
ISBN 978-3-89749-545-6

Günter, der innere Schweinehund, wird schlank
2 CDs
Sprecher: S. Frädrich
ISBN 978-3-89749-690-3

Günter, der innere Schweinehund, lernt verkaufen
2 CDs
Sprecher: S. Frädrich
ISBN 978-3-89749-626-2

Günter, der innere Schweinehund, wird Nichtraucher
2 CDs
Sprecher: S. Frädrich
ISBN 978-3-89749-753-5

Informationen über weitere Titel unseres Verlagsprogramms
erhalten Sie in Ihrer Buchhandlung, unter **info@gabal-verlag.de**
oder **www.gabal-shop.de.**

Business-Bücher für Erfolg und Karriere

GABALs großer Methodenkoffer Arbeitsorganisation
306 Seiten
ISBN 978-3-89749-454-1

GABALs großer Methodenkoffer Managementtechniken
336 Seiten
ISBN 978-3-89749-504-3

Methodenkoffer Führung und Zusammenarbeit
368 Seiten
ISBN 978-3-89749-587-6

Methodenkoffer Persönlichkeitsentwicklung
344 Seiten
ISBN 978-3-89749-672-9

Wenn die anderen das Problem sind
218 Seiten
ISBN 978-3-89749-586-9

Kontern – aber wie?
136 Seiten
ISBN 978-3-89749-182-3

Clever kommunizieren
176 Seiten
ISBN 978-3-89749-734-4

Small Talk von A bis Z
168 Seiten
ISBN 978-3-89749-673-6

Vertrauen und Führung
162 Seiten
ISBN 978-3-89749-670-5

Führungsfaktor Gesundheit
160 Seiten
ISBN 978-3-89749-732-0

Beschwerdemanagement
184 Seiten
ISBN 978-3-89749-733-7

Projektmanagement
208 Seiten
ISBN 978-3-89749-629-3

Informationen über weitere Titel unseres Verlagsprogramms erhalten Sie in Ihrer Buchhandlung, unter **info@gabal-verlag.de** oder **www.gabal-shop.de**.